GUIDE TO TMT
CROSS-BORDER INVESTMENT

中国TMT行业跨境投资导读

中国投资有限责任公司研究院　编写

人民出版社

丛书编委会

主　　编：彭　纯

副 主 编：居伟民　杨国中　屠光绍　刘　珺　沈如军
　　　　　郭向军　祁　斌　潘岳汉

执行主编：祁　斌

写作小组组长：陈　超　盛伟华
写作小组成员（按姓氏拼音排序）：
　　　　　贾　非　刘　烜　李　佳　刘少伟　聂　汝
　　　　　全文磊　邵亚楼　盛伟华　田勤政　唐昇儒
　　　　　王尔康　王　锦　王中阳　危结根　吴撼地
　　　　　许　真　张　栩　赵墨盈　邹　琳
校　　审（按姓氏拼音排序）：
　　　　　鲍建敏　陈　佳　田　园　王　艳　张　硕

本书执笔：刘　烜　刘少伟　全文磊

总　序

改革开放以来,我国经济发展取得了举世瞩目的成就,经济总量跃居全球第二,7亿多农村人口摆脱贫困,创造了史无前例的奇迹。但新时代我国仍然面临新的挑战。从经济发展阶段来看,尚未脱离所谓的"中等收入陷阱"。从金融发展水平来看,间接融资仍占绝对主导地位,不利于创新经济的发展,也孕育着潜在的系统性风险。从国际环境来看,经济全球化遭遇暗流,发达国家保护主义上升,文明冲突与地缘政治因素错综交织,而中美贸易摩擦更是提醒我们在中华民族的伟大复兴的道路上不会一帆风顺。

面对百年未有之变局,党的十九大提出以推进供给侧结构性改革为主线应对我国经济社会发展的内部挑战;积极促进"一带一路"国际合作,坚持"引进来"和"走出去"并重,推动形成全面开放新格局来应对国际挑战。

作为中国对外投资的旗舰平台,中投公司成立12年来搭建了专业化的投资团队,树立了专业、负责的良好国际形象,成长为全球第二大主权财富基金,境外投资年化收益率达 6% 以上,并在帮助中国企业"走出去"方面积累了较多宝贵经验。在对外投资环境日趋严峻的新形势下,中投公司要在更高的水平上再出发,服务国家全方位、多层次、多领域的对外开放格局,围绕创新对外投资方式、加强国际产能合作,开展"中国视角"投资,积极参与"一带一路"建设。"中国视角"是中投公司的独特优势,中投公司通过在跨境投资中结合"中国视角",对内助力我国产业升级、推动供给侧结构性改革,对外帮助国外企业扩大中国市场,实现互利共赢,为中国企业"走出去"和海外资本"引进来"提供平台支持和服务,以促进"走出去"和"引进来"良性互动。

为深入了解中国需求以落实中国价值创造,同时寻找多方互利共赢的跨境投资机会,中投公司研究院编写"跨境投资导读"系列丛书。丛书聚焦"四大行业"(TMT、医疗、制造、消费)和"四大区域"(美国、欧洲、日本、"一带一路"沿线)。"四大行业"是当前跨境投资最活跃的领域,也是我国加快结构调整和产业升级的重要着力点。"四大区域"是按照主要国家和地区产业发展水平的阶梯差别选取的,是当前全球经济最活跃的地区。行业丛书从"中国视角"出发,系统地梳理和研究了不同行业的跨境投资情况和需求。

中投研究院在丛书编写过程中,对境内外产业界和投资界进行了广泛的资料搜集和调研访谈,力求客观全面,希望能够为企业海外投资实践有所启发和帮助。欢迎各界读者联系我们交流讨论。

目　录

前　言

　　TMT 是科技、媒体及通信行业的统称,也是信息时代最具创新活力、最受投资者关注的领域。纳斯达克指数自 2009 年 3 月触底后,十年来一路突破 2000 点、3000 点直至 8000 点整数关口,屡创历史新高,将 2000 年互联网泡沫破灭前的高位抛在身后,尽管 2018 年下半年有所回调,但这种气势如虹的上升势头代表着全球投资者对 TMT 行业发展的良好预期。

　　与 20 世纪相比,如今市值最大的上市公司不再是工业托拉斯,而是苹果、亚马逊、脸书、微软、阿里巴巴、腾讯这样的 TMT 巨头。值得庆幸的是,中国的 TMT 行业有阿里巴巴、华为、腾讯、大疆、字节跳动等具有全球竞争力的企业,而且,在北京、杭州、深圳,甚至是贵阳这样不为世界熟悉的中国城市里,仍有许多 TMT 创新企业和独角兽以惊人速度成长起来,有的仅区区数年即实现或者筹划上市,其中既有下沉三、四、五线城镇的拼多多,也有数字货币矿机龙头比特大陆。

另一方面,华为和中兴事件也让国人意识到在一些核心关键领域我国与发达国家尚存较大差距。从芯片、操作系统、数据库到多种基础性工业软件,中国处于价值链的末端甚至接近于空白,无论从国家安全还是产业竞争的角度都有相当大的隐患,虽是挑战,却也意味着自主可控的巨大发展空间。2019 年,科创板的开通为科技企业带来更多资本助力和发展机遇。

从软银集团孙正义的愿景基金到国家集成电路基金,国家和机构、个人投资者都在这场史无前例的 TMT 浪潮中寻找方向和确定性。

本书聚焦国内外 TMT 行业发展格局和趋势,以物联网、区块链、电子游戏、无人机、信息安全多个细分领域为例进行了探讨,对人工智能、金融科技、5G 通信、云计算等投资热点和并购案例做了整理分析,还给出了一些行业并购建议和案例,以飨读者,并致敬这个伟大的行业和时代。

成书仓促,或有不当之处,敬请指正。

第 一 章

TMT 行业概要

TMT 是科技、传媒与通信①（Technology, Media & Telecommuni-cation）这三个英文单词的缩写。TMT 是一个较宽泛的行业概念，科技包括软件、互联网、电子硬件以及科技赋能的制造、医疗、消费等相关细分领域，传媒则覆盖了文化出版、影视媒体、游戏娱乐等，通信涉及固话宽带、移动通信等。进入 21 世纪后，TMT 行业创新不断、热点纷呈，在自我升级迭代的同时深刻地改变着其他行业乃至人类社会，既是经济增长的重要牵引，也是开拓未来的战略方向。

---

① 2018 年 9 月，全球行业分类标准（GICS）重点针对 TMT 相关行业进行了调整，其中"电信"（Telecommunication sector）一级分类覆盖范围有所扩大并更名为"通信"（Communication sector）。为便于读者理解，本书使用"通信"一词。

第一节　TMT 行业基本情况

一、科技支持现代复合型产业

技术所支持的新复合型产业涉及的领域十分繁多,如科技、民生、金融、传媒和消费业等。提到消费业,结合科技的消费互联网便是 TMT 行业的主要话题之一。具有眼球经济特性的消费互联网主要有媒体和产业两个属性,它所提供的电子商务和在线旅行等服务让人们的生活更加便捷,这一产业也因此有了极大的渗透力。在商业模式上,消费互联网的产业链是由质量内容吸引流量,流量水平吸引投资商,各个平台也有不同的运作模式。大型电商平台,如京东和亚马逊,业务也会包括电商自营。在技术支持下,它们大都可以通过 B2C(business to consumer,企业对消费者)的营销模式由平台电商直接采购、配送、提供发票和售后服务。

以亚马逊平台为例,其效益出色的原因之一便是公司一如既往地致力于融合科技与服务,坚持每年投入 20% 的营业收入推进业务创新性研发。2006 年亚马逊率先提供云服务,2018 年其市值一度突破一万亿美元。

二、数据时代,信息也要商业化

大数据代表无法在一定时间内用常规软件工具对其内容进行抓

取、管理和处理的数据集合。在信息化的今天,大数据资源的开发是运作平台的热门关注点之一。因为可深入搜索引擎升级、动力系统应用、天文学研究、卫生信息技术和零售业等众多领域,对大数据的有效利用可以有效提升服务效率、效益及消费者体验。高参考值的数据可以让平台更有效地实现网上交易管理,进行产品个性化推荐,升级广告投放系统,总体实现平台的智能化和数据的商业化。

沃尔玛在服务中使用了大数据,有效地提升了交易量;谷歌也利用了大数据,根据历史数据为用户定制个人搜索结果。阿里巴巴也已投身大数据开发,并力争高级别数据赋能。阿里巴巴对数据的主要应用场景有集团内部的搜索、推荐、营销,面向媒体的数据大屏和面对生态商家的商业化数据产品。

第二节　电子硬件行业

电子硬件是电子材料、电子元器件和电子终端的总称。从某种意义上而言,硬件是整个 TMT 行业的"载体"。电子硬件行业的上下游产业链如图 1-1 所示。

由于我国劳动力成本的相对优势和巨大的消费市场,我国电子硬件的主要特点是"产能全球第一并保持持续增长,消费电子领域全球领先位置"。电子硬件是目前全球化程度最高的行业之一。产业链上游的关键材料(如锂电池材料、玻璃基材)和设备基本被日本、韩国和美国垄断;中游高端电子元器件(如射频器件)的产能主要集中在日本、中国台湾地

3

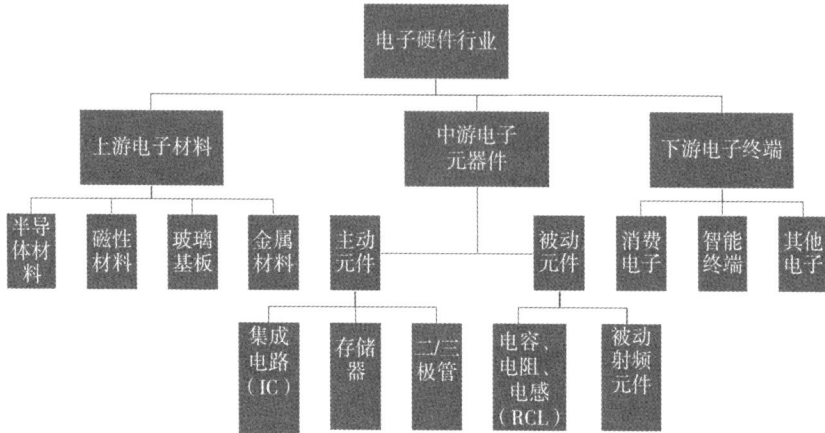

图 1-1　电子硬件行业产业链

来源:中投研究院根据公开资料整理

区,中低端产能主要集中在中国大陆、东南亚地区;下游消费电子如电视、手机等领域中,我国拥有全球级自主品牌,如表 1-1 所示。

表 1-1　电子硬件产业链全球布局及代表厂商

		半导体	面板	LED	印刷电路板（PCB）	消费电子
上游	主要产品	IC 设计（系统设计、逻辑设计、图形设计）	玻璃基板、镀膜材料、导电玻璃（ITO）、液晶材料	材料、外延片、芯片、设备	电解铜箔、玻纤纱、木浆、合成树脂	芯片、内存、面板、触控显示、镜头、天线、电池、电声器件
	代表厂商	英特尔、高通、博通、AMD、三星、英伟达、联发科、海思	德国默克集团、日本 JNC、Kanto、Corning、万润股份、西安瑞联	住友电气、三安光电、华灿光电	建滔铜箔、苏州福田、南亚铜箔	兆易创新、欧菲科技、信维通信、欣旺达、歌尔股份、舜宇光学

续表

		半导体	面板	LED	印刷电路板（PCB）	消费电子
中游	主要产品	IC 制造（晶膜沉积、光照校准、显影蚀刻、离子注入等）	滤光片、偏光片、光学膜、导光板、驱动 IC	半导体发光二极管(LED)封装	覆铜板	印制电路板（PCB）、软板、机壳、连接器、被动元件
	代表厂商	台积电、三星、中芯国际、华虹半导体	SDI、NTT DO-COMO、东旭光电、三利谱、中颖电子、三星	LG Innotek、国星光电、木林森、台湾亿光	建滔化工、生益科技、南亚塑胶、松下电工	立讯精密、超声电子、东山精密、长盈精密、顺络电子
下游	主要产品	IC 封测（划片切片、置放焊线、塑膜）	面板制造、模组组装	LED 室外照明、背光源、汽车应用	印刷电路板	智能手机、平板电脑、笔记本电脑、可穿戴设备
	代表厂商	日月光、艾克儿、长电科技、矽品、通富微电	三星、LG、京东方、华星光电、深天马、国显光电	利亚德、洲明科技、联建光电、奥拓电子	臻鼎科技、住友电气、三星电机、深南电路、超声电子	苹果、三星、华为、小米、OPPO、VIVO

来源：中投研究院根据公开资料整理

2018 年全球半导体市场规模达 4688 亿美元，2019 年受贸易冲突影响遭较明显衰退。其中集成电路（又称芯片或 IC）占据 84%（见图 1-2）。功率半导体器件市场规模 160 亿美元，占全球市场规模的 4%。长期看，受益于新能源发展，功率半导体器件有望在国内带动超过 200 亿元市场。无论是功率二极管还是绝缘栅双极型晶体管（insulated gate bipolar transistor，IGBT）都在向大功率、高频率、高集成等方向发展，其中 IGBT 模块是动车、高铁等的动力转换核心器件，中国每年外购 IGBT 模块超过 10 万个，总金额超过 12 亿元，其市场发展前景值得关注。

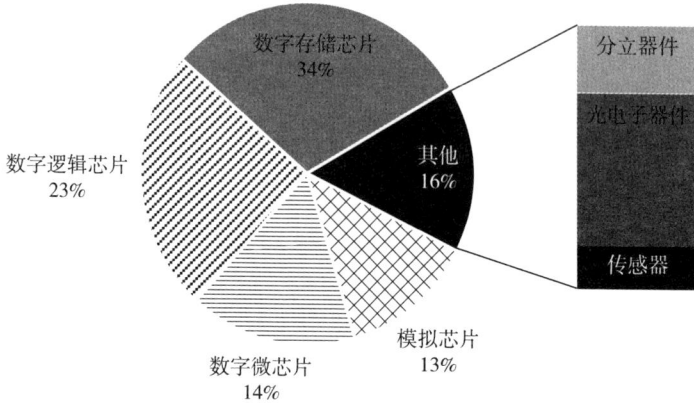

图 1-2　2018 年全球半导体市场份额

来源：WSTS、中投研究院

全球晶圆代工产能在 2017 年开始了扩张，台积电与联电在南京和厦门扩建了 12 寸晶圆产能，同时中国大陆也积极针对逻辑芯片与存储器进行产业扩张，从而刺激了晶圆制造设备及耗材需求。值得注意的是，台积电在工艺制程上一路领先，其他代工厂在缺乏足够订单量支撑的情况下难以为继，2018 年 8 月，仅次于台积电的两大代工厂格芯、联电均宣布放弃对先进制程的追赶，专注于提升 12 纳米以上成熟制程市场占有率。

第三节　软件行业

计算机软件几乎是所有行业的下游支撑，行业发展重点有了"以机器为中心"向"以网络为中心"的变革。支持软件行业发展加速主要有五大力量:(1)在市场方面,现有的软件在不断地发展;(2)在用户阶层方面,软件正在逐渐渗入到昔日的小众市场;(3)从技术上,软件正在逐渐取代硬件;(4)软件在取代服务及人力;(5)每一家公司都在成为软件公司。

软件业 IT 企业的发展阶段包括局部服务、软件产品、行业应用(解决方案)、通用软件、互联网、技术(人工智能 AI 等)。不同阶段的领军企业亦有不同。软件产业成为知识生产型、先导性、战略性的新兴产业,成为经济的新增长点,也成为各经济体竞争的焦点,见图 1-3。

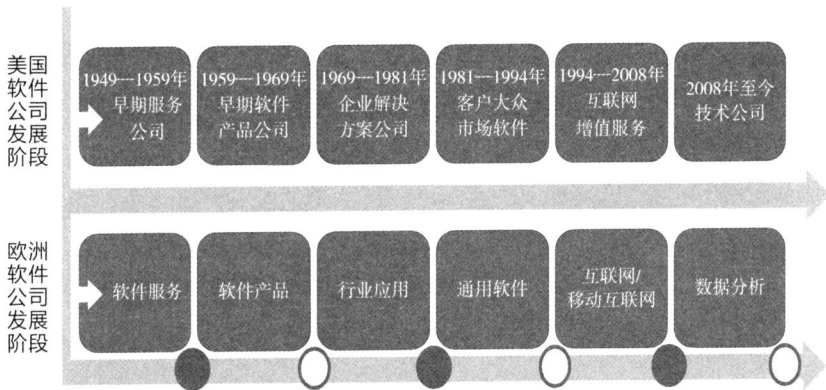

图 1-3　软件业 IT 企业的成长周期

来源:巴特瑞创投(Battery Ventures)

软件服务发展的主要方向是云计算为基础的付费订阅服务。云计算按照部署方式分为公有云、私有云和混合云,按照服务模式分为 IaaS(infrastructure as a service,基础设施即服务)、PaaS(platform as a service,平台即服务)、SaaS(software as a service,软件即服务)。IaaS 提供硬件资源服务,亚马逊高居榜首,微软、阿里巴巴、谷歌、IBM 等紧随其后；PaaS 提供开发平台即所谓的中间件服务，市场规模较小，主要企业包括谷歌、Red Hat 等；SaaS 提供应用程序服务，Salesforce、Adobe 等厂商处于领先地位。2017 年全球公有云市场规模达到 1110 亿美元，预计将以 22% 的年复合增长率在 2021 年达到 2461 亿美元；2017 年中国公有云市场规模 265 亿元，预计将以 56% 年的复合增长率在 2021 年达到 903 亿元。公有云细分市场见图 1-4。混合云的部署方式日益受到企业青睐，同时随着边缘计算的兴起，云端负载也将部分转移到终端和边缘节点。

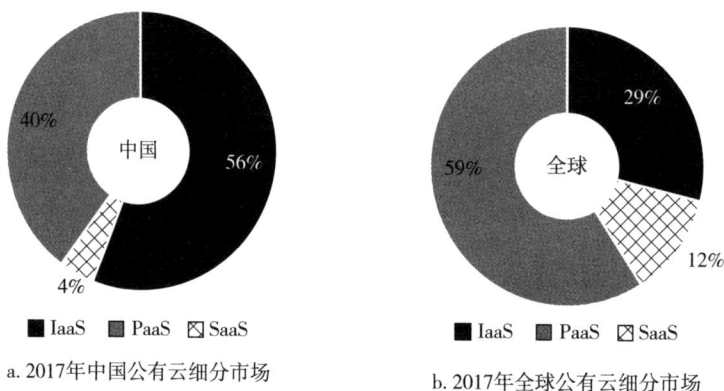

a. 2017年中国公有云细分市场　　　　　b. 2017年全球公有云细分市场

图 1-4　2017 年公有云细分市场

来源：盖特纳、国元证券研究中心、中投研究院

　　我国软件互联网行业蓬勃发展，而硬件半导体行业却往往受制于人，一个非常重要的原因在于开源运动的影响。兴起于 20 世纪 80 年代的开源运动提倡技术共享，允许任何人在遵循相关约定的前提下无偿获取开源软件的源代码，如今全球绝大多数的公司和个人都在使用或依赖于各种开源软件，比如手机的安卓操作系统、电商后台的 MySQL 数据库等。中国企业也从开源运动中获益，不但得以使用数以

亿计的代码库,还与全球开发者互相学习,反过来也向全世界贡献中国的智慧,例如百度的开源深度学习框架 PaddlePaddle、腾讯的微信开源系列。越来越多的企业主动拥抱开源运动,借此建立生态系统或者打造行业标准,相关的并购投资活动愈加频繁,2018 年超过 50 亿美元的相关并购至少三笔,包括:IBM 以 340 亿美元宣布收购开源软件商 Red Hat,微软 75 亿美元收购最大的开源仓库网站 GitHub,Salesforce 以 65 亿美元收购开源云服务商 MuleSoft。

与通用软件和互联网领域相比,电子设计(EDA)、机械和建筑设计(CAD)、仪器仿真等专业性强的工业领域受开源运动影响较小,而且与硬件制造业结合紧密,相对较难突破,是我国软件行业的软肋。

第四节 互联网行业

从增量到存量、从数量到时间,互联网进入下半场。对存量和时间的争夺需要企业的精细化运营能力,以及留住用户的能力。对于互联网,这一阶段的象征性标志是日益提升的用户获取成本以及用户行为的进一步集中,流量将集中于垂直领域中的领先公司以及自有流量平台。截至 2018 年 6 月,我国网民规模为 8.02 亿,手机网民规模 7.88 亿,互联网普及率 57.7%,固定宽带和 4G 网络用户下载速率均超过 20Mb/s,网民使用率超过 50% 的应用包括即时通信、搜索引擎、网络新闻、网络视频、网上支付、网络购物、网络音乐、网络游戏、网上银行、网络文学 10 类。①

　　与国外以谷歌、脸书、推特、Spotify 在线音乐、奈飞(Net flix) 在线视频等为主的生态不同,中国移动互联网形成了以微信、淘宝、支付宝、爱奇艺、美团点评等为代表的独立生态。值得一提的是,今日头条在BAT(百度、阿里巴巴、腾讯)三巨头垄断的格局下崛起,2018 年今日头条系产品的使用时长基本与阿里系相当,仅次于腾讯系。今日头条在从腾讯、百度手中争夺国内流量的同时,自 2016 年开始海外扩张,抖音海外版 TikTok 高居全球 APP 下载排行榜第四,尤其在东南亚地区、日本大获成功,其收购的音乐短视频 Musical.ly 则从北美地区向欧洲拓展,截 2018 年 10 月,今日头条(字节跳动)的估值已飙升至 750 亿美元,超过了百度的市值。

　　一方面,移动网民数量增速不断减缓,同时流量朝着超级 APP集中;另一方面,新 APP 数量在 2010 年以来实现爆发式增长。在日益拥挤的移动互联网市场中,保持用户在 APP 中的留存显得日益艰难。

　　电商渗透率趋于饱和,中国和印度维持爆发性增长,巴西和俄罗斯市场重现加速。根据国家统计局公布的数据,中国社会消费零售总额2017 年达到 36.6 万亿元,零售行业发展一直稳步趋缓,同比上升10.1%。在零售行业感到略有压力的大背景下,互联网线上零售行业虽然脱离了 40% 以上的高增长,但其依然呈现出相对稳定的增长速度,2016 年和 2017 年依然能够保持 25%—40% 的持续增长率,与此同

---

① 　中国互联网络信息中心:《中国互联网络发展状况统计报告》(第 42 次),2018 年 7 月,见 http://cas.gov.cn/wxb_pdf/CNNIC42.pdf。

时线上零售在各个品类的渗透率也在逐步提高,2017 年的实体零售平均渗透率达到了 15%,远超美国的 13% 左右,如图 1-5 所示。对比美国的渗透率,可见中国的电商行业发展已经成熟甚至世界领先,进一步提高渗透率需要更多的创新,同时来自线下零售的阻力也更明显。线上零售和线下零售的冲突和互融将更加明显。

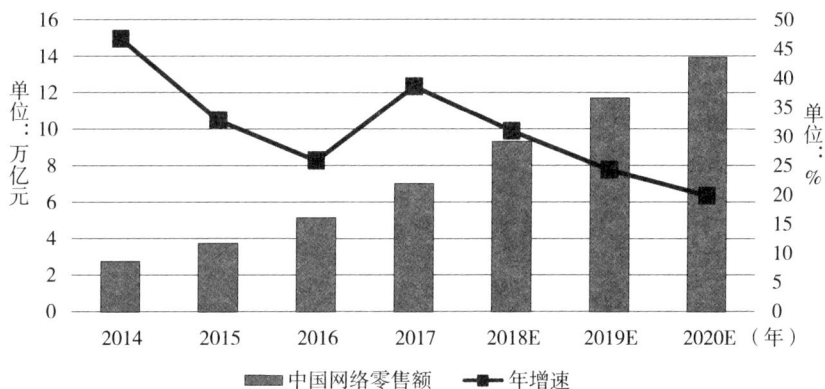

图 1-5 2014—2020 年中国网络零售额及年增速

来源:国家统计局、申万宏源研究

第五节 电子游戏行业

游戏产业链较短,研发、发行、渠道三块构成完成产业链,其中渠道是用户下载游戏的渠道,产业链话语权重。手游需要通过应用商店(渠道)进行下载,因此手游产业链中渠道拥有最重话语权,如图 1-6 所示。游戏产品相比其他娱乐产品而言,在线运营过程中可以不断修改,运营的后台数据对产品修改有决定作用,因此其运营能力对一款游戏的成功是非常重要的。借助移动互联网的东风,中国游戏行业脱胎换骨,具备了国际竞争力,腾讯更是成为全球最大的游戏企业,国人熟悉的任天堂、动视暴雪也只能俯首称臣。然而,2018 年中国一度暂停游戏版号审批,并成立网络游戏道德委员会,使得游戏上线的不确定性增大,商业回报周期长,对一些中小游戏企业影响较大,腾讯游戏收入随之放缓,监管的不确定性或加速国内游戏行业洗牌和出海。在游戏行业发展和青少年健康之间寻找平衡,成为中国游戏业界不得不解决的燃眉之急,但不应忘记,中国游戏市场曾经被日、韩和欧美游戏瓜分,一旦国产游戏的创新活力持续削弱乃至被迫退让,海外游戏厂商或许又会借机卷土重来。应当看到,电子游戏除了娱乐之外还有社交属性,相关的直播、电子竞技、周边衍生品等有很大的想象空间,而且底层的视频多媒体和并行计算技术同样是人工智能、虚拟现实、区块链和工业建模等前沿产业的关键所在,正如英伟达从游戏显卡起家,成长为如今的人工智能龙头。本书第八章将对电子游戏行业做详细介绍,此处不再赘述。

第六节　传媒行业

传媒行业包括新闻出版业、广播电视电影和音像业、文化艺术业和娱乐业。

传统媒体能够传播一定的社会意识形态和价值取向,但是受版面

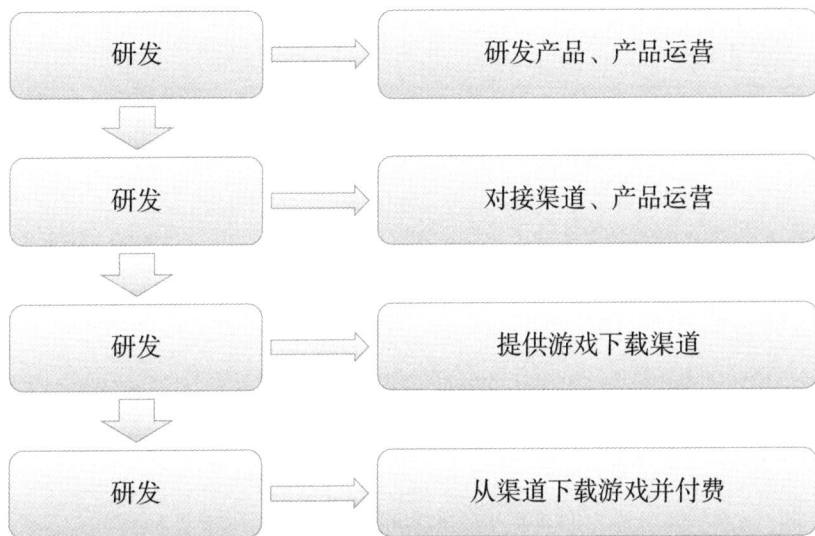

图 1-6 游戏产业链

来源:申万宏源研究

和时长的限制,只有人为选择出的价值主张可以得到传播。另外,媒体也具有制度安排与系统设置的功能,可以凭借专业化与有公信力的内容引导社会舆论、引导社会主流价值观。移动互联网在过去数年间广泛普及,推动数字经济快速崛起。"数字化"的快速渗透带来了经济社会的深刻变革,也颠覆了人们的文化娱乐消费方式。同时,互联网内容厂商营业收入规模及互联网内容产业产值规模都在加速增长。

随着经济的高速发展,全球化大背景下的信息时代,使现代媒体信息传播的载体日渐多元化。传媒是一个传播新闻舆论、引导大众思想的行业,它的发展与宏观经济的形势息息相关,新的传媒方式不断出现将使日后信息传播往更快、更广、更高的方向发展。其当前主要分支如图 1-7 所示。

内容与服务生产	营销传播	渠道发行	终端销售
新闻出版 电影 电视剧 动漫	**传统营销** 纸媒广告 户外广告 电视广告	纸媒发行 院线发行 卫星电视	报刊/杂志 影院 传统电视
网络游戏/视频 /文学/社交 电子商务 其他网络服务	**数字营销** 互联网广告 移动广告	**三网融合** 有线电视网 电信网 互联网	客户端（PC） 手机 互联网电视/智 能家居 其他智能终端

线下

线上

图 1-7 现代传媒行业分支

来源：中金公司

电视精品剧需求增大。电视剧在不同国家的拍摄模式和播放渠道差异较大，美国、韩国电视剧的拍摄多为电视台主导，拍摄播放同时进行，且为周播形式，观众成为相应电视台的付费用户才可收看平台制作的内容。中国电视剧多为专业制作公司制作并售卖给渠道（电视台、新媒体）播放，在播映前都已经制作完成并通过审核，播放也以连续播放为主，但周播形式也开始慢慢出现。国内的电视剧产业链如图 1-8 所示。

电影片源质量改善，影院渠道下沉。电影是全球范围内最主流的文化内容产业形式，也是重要的跨国内容交流形式。电影行业具有高度工业化的特点，不论是西方的好莱坞还是东方的宝莱坞，都有一套成熟的工业电影制作流程。从投资、制作、发行、放映直至最后的衍生品开发吸金，再到投资、生产的一个循环形成的一种高度集成的电影行业运作模式，如图 1-9 所示。

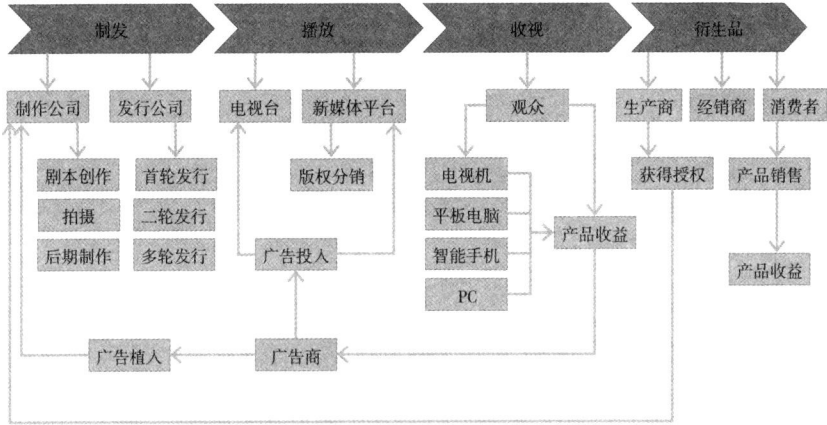

图 1-8　中国电视剧产业链

来源：艺思数据库、中金公司

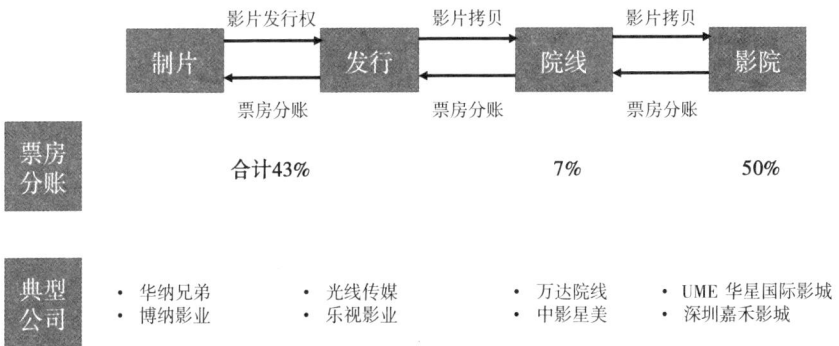

	制片	发行	院线	影院
影片发行权/拷贝		影片发行权	影片拷贝	影片拷贝
票房分账	票房分账	票房分账	票房分账	

票房分账	合计43%		7%	50%
典型公司	· 华纳兄弟 · 博纳影业	· 光线传媒 · 乐视影业	· 万达院线 · 中影星美	· UME 华星国际影城 · 深圳嘉禾影城

图 1-9　中国电影产业链

来源：中投研究院根据公开资料整理

图书出版产业链上主要包含了图书零售商、出版商、图书作者以及版权经纪人等几个主体，它们互相之间以一定的规范为准则进行收入分配。从分配比例上看，出版商和零售商是行业主导者，其内部以及相互之间的博弈直接影响了图书出版行业的格局演变。

报纸、杂志、图书等传统纸质媒体在总体产业格局中的比重逐年下降。通过购买报纸、杂志、图书等纸质媒体获得信息的方式正在部分地被互联网所取代,且电子图书总量、电子图书读者总数以及电子图书市场的销售收入增长强劲,数字出版与传统纸质出版共存的时代已开启。

数字出版改变了传统出版生产和传播的方式。传统出版的生产和传播流程主要遵循"选题→编辑和审稿→印刷和复制→发行和销售→阅读"的线性轨迹;而数字出版则将数字技术渗透到了传统出版的各个流程,从而实现了流程再造。这主要体现在:选题方面,数字出版的平台筛选和读者的选择能力共同决定了阅读的品质;编辑审稿方面,数字出版比传统出版的编审过程简化很多;印刷复制方面,数字出版很大部分已经无须印刷,还可以通过按需印刷满足读者多样化的需求;发行销售方面,数字出版总体趋于直接销售,按需印刷则实现即时销售;实现阅读方面,数字时代读者中的很大一部分,是通过各种社交媒体进行随机阅读,出现了用户生产内容(UGC)、按需印刷(POD)、社交媒体分享阅读等新兴形式。

传统出版中,出版商主要是通过生产优质内容产品,在市场上发行销售后从消费者处获得收益;而在数字出版时代,很多内容产品是免费的,出版商可能会以优质的免费内容为入口,通过社群吸引、聚拢用户,然后通过服务后向收费模式,实现产品价值。

第七节　通信行业

在各式的通信方式中,通过使用"电"来传递消息的通信模式称为电信,在科学水平发展飞速的今天,无线电、固定电话、移动电话、互联网甚至视频电话等通信方式相继产生。现代通信产业链主要分为通信设备商、通信运营商两大部分。技术发展来看,现代通信技术包括有线(固定宽带)与无线(移动通信)两种主流技术。其中,移动通信行业,据全球移动通信系统协会(GSMA)公布的数据显示(图1-10),在2017年通过移动通信产业链、非直接相关行业和行业垂直应用三大主要渠道,实现生产总值3.6万亿美元,对国内生产总值(GDP)增长贡献率高达4.5%。发展方面,拥有巨大经济效应的无限技术领域已经成为大国博弈的平台之一。

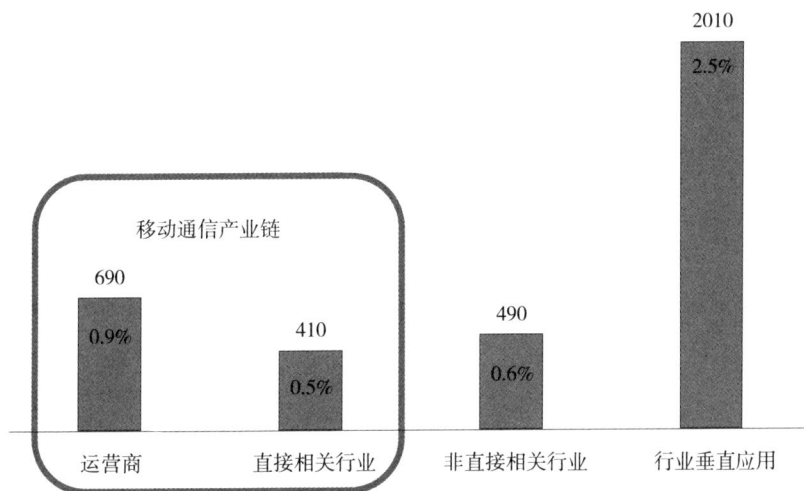

图 1-10　2017 年移动通信行业产值(十亿美元)及 GDP 增长贡献率(%)
来源:GSMA、安信证券研究中心

通信行业在过去的30年经历了巨大的技术变革,其中最为显著的就是固定宽带传输技术由铜线传输逐渐向光传输的演变,以及移动通信技术由"1G—2G—3G—4G(LTE)—5G"的制式演进。从20世纪80

年代第一代移动通信技术诞生到现在的 4G 时代,移动通信经历了从模拟语音到数字语音、从低速数据服务到高速数据服务的发展,特别是 3G 普及后宽带移动通信与互联网结合在一起诞生了移动互联网,使整个互联网的生态发生了深刻变革,移动社交(微博、微信)、移动购物(淘宝、严选、考拉)和移动支付(支付宝、微信支付)等兴起,4G 时代直播(斗鱼、映客)、短视频(快手、抖音)、手游获得了蓬勃的发展。即将商用的 5G 包含三大应用场景:增强移动带宽(eMBB)、大规模机器通信(mMTC)和超高可靠低时延(uRLLC),其中 eMBB 和 4G 相比能提供 100 倍以上的峰值速率,mMTC 主要满足海量物联网设备的通信需求,uRLLC 主要面向车联网、工业控制等实时性要求高的场景。5G 时代从通信设备到运营商行业格局料将洗牌,内容服务受益于更高带宽和更多接入也将进一步多元化,例如虚拟现实与社交、娱乐和媒体的融合。中国三大运营商的 5G 发展规划基本一致,2019 年试商用,2020 年正式商用。

物联网是 4G、5G 新一代信息技术的重要组成部分,也是信息化时代的重要发展阶段。面对如此巨大的行业发展空间,不断推动物联网行业发展已经成为全球主要经济体的共识。4G 改变生活,而 5G 将深刻改变社会。5G 具备更高的性能,能够更好地应对未来多样化业务与场景需求。

通信运营商宽带与无线多合一服务,专注成本管控。通信运营商是指提供固定电话、移动电话和互联网接入的通信服务公司。按照业务性质,分为无线通信和有线通信,因此运营商也会分固定和移动运营商。数据流量业务需求爆发推动了通信业总收入的提高,但从利润丰厚的话音业务市场向利润稀薄的数据流量业务市场转型,造成通信运营商行业利润率急剧缩水。亚洲、拉丁美洲、非洲市场较为活跃,北美地区和欧洲的市场扩张则持续放缓。受到欧洲市场的负面影响,沃达丰(Vodafone)、英国电信、德国电信(Deutsche Telekom)、西班牙电信、橙子电信(Orange)等欧洲主要运营商在欧洲市场表现均不如预期。日本 KDDI、NTT DOMOCO 及软银公司三家通信运营商净利润都有了下跌的趋势,其中最为明显的是软银公司;NTT DOMOCO 的营业收入增长几乎停滞。可是拉丁美洲、中东地区以及非洲的市场提升了沃达丰(Vodafone)、西班牙电信的整体业绩。韩国 SK 电信、韩国电信(KT)和 LG U+三家大运营商业绩皆出现小幅上涨,驱动业绩上扬的主要动力来自家庭娱乐、互联网、固网宽带等业务领域。

通信设备市场重新洗牌,四大设备商引领行业发展。通信设备制造业的主要任务是把通信设备和软件系统供应给基础运营商和内容(应用信息)服务商,和把各种终端应用设备提供给终端用户。通信设备制造业在整个通信行业中起着重要作用,对通信传输及应用更是至关重要。目前,全球性通信设备商缩减至四家,中国的华为和中兴通讯、欧洲的爱立信和诺基亚,形成"2+2"格局,短期内四家设备商已经在竞合中达到平衡。

流量爆发拉升数据中心需求。数据中心的发展经历了多次变革,历经了分散式、整合式、虚拟化、融合系统和超融合五个阶段的演变,由最初的大型机系统逐步演变为独立的服务器系统,又开始走向分布式的云架构。

美国以 CDMA 技术专利在3G 时代占据了行业领先位置,当时所收取的专利费也明显地推动了本土移动通信行业的发展。但是美国的优势在 4G 时代渐渐开始消失。2006 年朗讯出售给了法国阿尔卡特，美国本土通信设备商影响被削弱，全球通信行业的绝对主导权流失，慢慢被中国和欧洲取代。欧洲在 1G—4G 的发展阶段一直领导相关国际标准的制定；中国在 3G 时代实现了标准突破。在 4G 阶段，以我国华为和欧洲爱立信为代表的通信设备商掌握了更多的 LTE 专利技术，中国也开始逐渐成为国际标准主导力量。

我国通信基础设施建设相对发达国家落后，未来网络流量承载量快速增长，在接入网、传输网、数据中心等领域都有迫切的升级替代需求。我国 5G 技术正加速走向成熟，已基本具备领先商用的实力，最快 2020 年前正式商用。2018 年美国通过了 5G 法案——Ray Baum Act，为美国 5G 的频谱分配扫清了障碍。

第 二 章

TMT 海外市场分析

美国、日本、欧洲、印度是 TMT 行业重要的创投策源地和市场,各有不同的特点,处于不同的发展阶段,有必要分别考量。

第一节　美　国

一、美国硬件行业:向产业链上游集中

美国整体硬件科技优势集中在半导体和半导体相关设备,在下游电子零部件行业慢慢退出。

根据世界半导体贸易统计协会(WSTS)和美国半导体行业协会数据显示,从 2007 年到 2018 年,美国半导体行业从 426 亿美元增加到

950 亿美元,如图 2-1 所示。

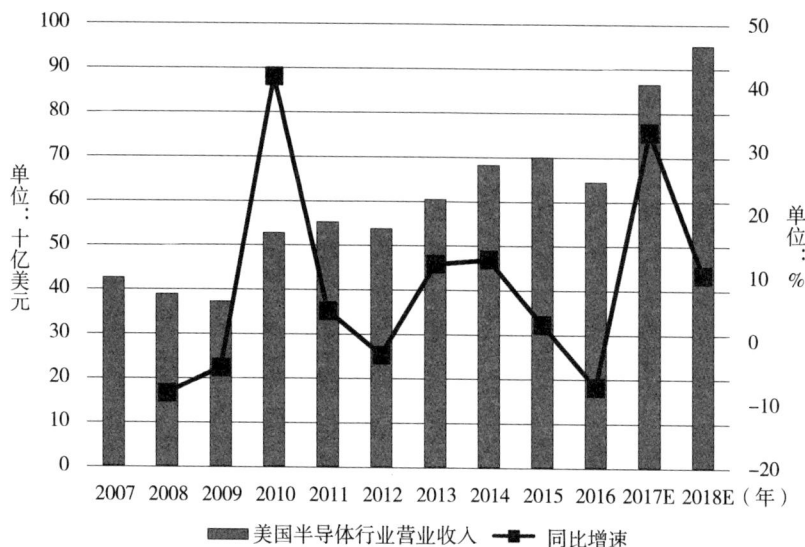

图 2-1　2007—2018 年美国半导体行业营业收入

来源:世界半导体贸易统计协会、美国半导体行业协会、申万宏源研究

二、美国互联网行业:渗透率高,市场成熟

美国互联网市场渗透率高,传统市场发展成熟。美国 2016 年互联网用户规模为 2.46 亿,位于全球第三位,用户规模发展平稳,如图 2-2 所示。截至 2018 年上半年,美国人口约 3.2 亿,美国互联网普及率高达 95.6%①,

---

①　Internet World Stats,"Internet Usage,Facebook Subscribers and Population Statistics for all the Americans World Region Countries",2018 年 6 月 30 日,见 https://www.internetworldstats.com/stats2.htm。

智能手机普及率为71.5%①。

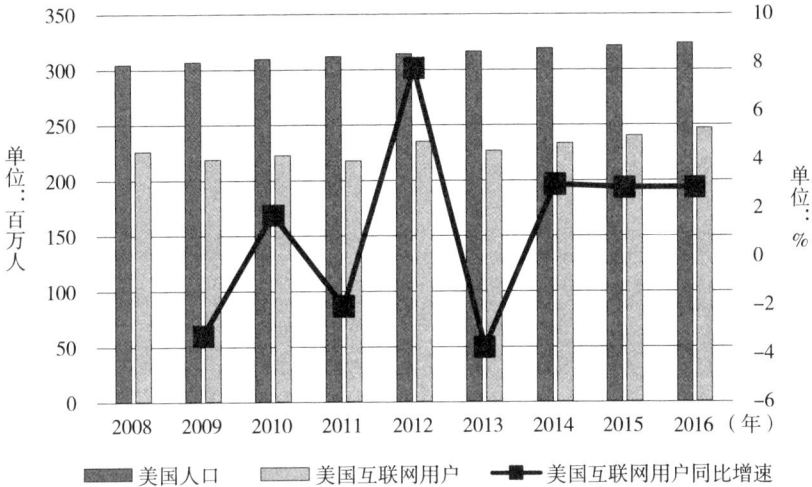

图2-2 2016年美国互联网普及率

来源:彭博社、申万宏源研究

三、美国软件行业:核心技术造就驱动力

在全球软件市场中,美国软件市场是发展最为成熟的地区市场,代表了世界软件市场与技术发展的方向,掌握着全球软件行业的核心技术、标准体系、游戏规则及产品市场。美国厂商占据着世界软件产业链的上游,如操作系统、数据库等基础平台软件,控制着软件开发平台和软件生产的核心环节。

---

① Wikipedia:"List of Countries by Smartphone Penetration",2018年,见 http://en.wikipedia.org/wiki/List_of_countries_by_smartphone_penetration。

美国软件市场份额在全球占比过半,如图 2-3 所示。美国软件行业在 2015 年 GDP 中所占的比重是 8%,巴特瑞创投(Battery Ventures)预计 2020 年占比将达 10%。美国软件行业提供了近 1000 万个岗位,250 万人直接从事于软件行业,720 万人从事软件支持的间接和衍生岗位。Verizon、霍尼韦尔、西门子、通用电气等传统行业巨头并购了很多软件公司。

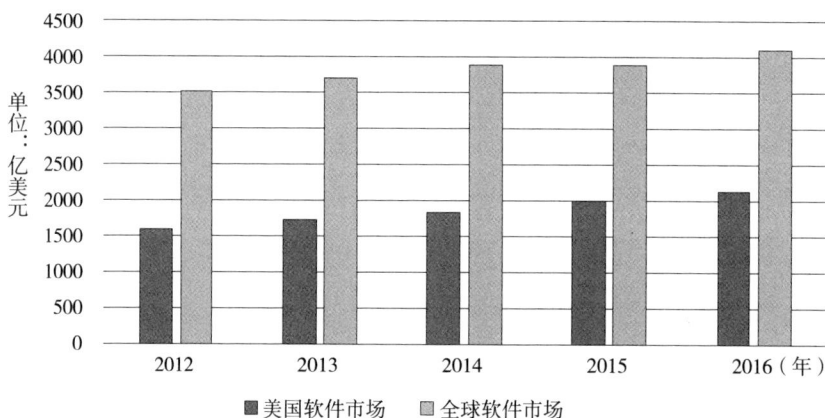

图 2-3　美国与全球的软件市场规模对比图

来源:IDC、申万宏源研究

四、美国传媒行业:传统传媒没落,新兴媒体同时面临挑战

美国传媒行业继续集中、垄断的趋势,造就了时代华纳和新闻集团等传媒巨头,另一方面,新兴媒体快速崛起,尤其是脸书、推特等社交媒体迅猛发展。

但同时应该注意到,美国的新兴媒体虽然在行业中处于领先地位,但由于各个地区受众、语言等天然屏障的存在,新兴媒体在全球市场的推广仍然颇具难度。例如,以中国的微信、日本韩国的 Line 为例,在各自国家市场内尚无竞争对手。脸书、推特等社交媒体虽然发展迅速,但在本地化的过程中仍遭遇挑战。

五、美国通信行业:5G 引领未来方向

移动通信服务(例如语音和短信)占总收入的 71.7%,其中包括 2G、3G 和 4G 服务,如图 2-4 所示。4G 服务是行业的产品支柱,而 3G 服务仍然需要语音通话。Sprint 是第一家在其新的 WiMax 标准网络上提供 4G 服务的运营商。2010 年,其他无线运营商开始建设竞争的 LTE 4G 基础设施,个人电脑服务占总收入的 10.8%,其中包括宽带和无许可证的个人电脑,因为引入了 Wi-Fi 标准,为互联网提供了无线接入,所以该领域迅速发展。其他服务占总收入的 17.5%,其中包括转售各种通信设备,通信网络的安装和维修服务。2018 年四季度,美国开始拍卖 5G 牌照。

第二节　日　本

一、日本硬件科技:技术水平与美国并驾齐驱

日本的电子硬件厂商优势集中在材料、芯片、光学核心零件等上中

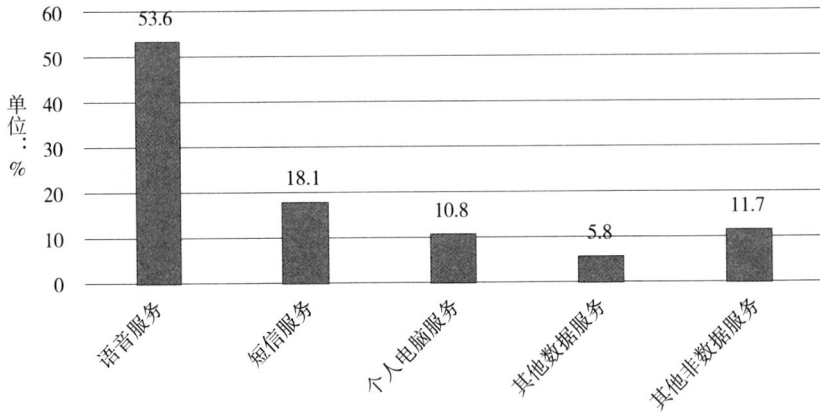

图 2-4　2017 年美国电信行业各项服务细分

来源:IBIS World、申万宏源研究

游,具有较突出的核心竞争力,当前技术水平下他国厂商可替代性较低;在下游电子零部件行业慢慢退出。1986 年,日本的半导体产品销售额占世界总销售额的 45%,成为世界最大的半导体生产国。1989 年,日本公司占据了世界存储芯片市场 53% 份额,而美国仅占 37%。截至 1990 年,全球前 10 大半导体厂商日本占 6 位,前 20 大占 12 位,达到鼎盛时期。2016 全球前 20 大半导体厂商只剩下 3 家。但是在半导体生产设备和半导体材料领域,日本占据了不可撼动的地位。从全球范围看,美国、日本、荷兰是三大半导体设备强国,日本份额为 37%。从每个设备的份额来看,日本拥有 10 种超过 50% 份额的市场垄断性设备。

二、日本互联网行业:逐渐萎缩的人口降低需求

日本互联网用户的性别比例大体相当,受到人口老龄化问题的影

响,日本 55 岁及以上互联网用户占比最大。① 游戏是日本互联网用户最喜欢的互联网产品,日本用户最喜欢的游戏产品类型为益智类、休闲类、动作类和角色扮演类。

市场相对封闭,外部 APP 进入难度较高;日本的互联网市场是一个相对封闭的市场,日本网民形成了较为独立的 APP 使用习惯。游戏上,日本玩家独特的游戏习惯导致了他们对本国游戏的依赖,国外游戏很难打入日本市场。移动通信工具上,Line 在日本市场占据绝对优势,是日本非游戏类 APP 内排名第一的移动应用。较为封闭的市场为国外互联网产品进入带来了较大的难度,特别是在日本强势的游戏领域,更是很难有外国产品取得好的成绩。

三、日本软件行业:依附于政府金融机构的大型系统开发

发展历史:自 20 世纪 90 年代,信息产业就是日本发展最快的产业,为推动日本经济增长发挥了重要的作用。其中,信息服务业作为信息产业的重要组成部分,可以衡量一国经济发展、社会进步及信息化建设的水平和程度。

同时日本是世界信息服务业高度发达的国家之一,但是日本首个独立软件公司的诞生要比美国晚 11 年。日本人大久保茂在 1966 年 8 月创办了计算机应用公司(CAC),2 个月后的 10 月由富士通、日立、NEC、日本兴业银行共同出资成立了国家软件公司。1969 年,除了独

---

① 英国通信管理局:"International Communications Market Report 2015",2015 年,第 293 页。

立公司之外,计算机厂商的软件公司也相继出现。日本信息服务业在
2002 年之前一直归属于服务业,随着经济的发展,大部分学者建议把
信息服务业作为独立的产业划分出来统计。因此,日本经济产业省参
照了国际产业分类的现行标准和日本国内信息服务业的实际发展状
况,两次修订了日本标准产业分类办法。

　　日本信息服务业作为日本国民经济运行中的重要支柱产业,尽管
受到了 2008 年金融危机和 2011 年日本大地震的冲击,但是仍然成小
幅的正增长。根据 IDC2017 年发布的日本软件市场收入研究显示,
2016 年至 2021 年市场年均复合增长率(CAGR)为 4.3%,增速显著提
升,高于 IT 服务增速,2016 年市场规模达到 2695.8 亿美元,如图 2-5
所示。日本软件行业主要分三类:系统基础建设增速逐渐提高,应用类
产品保持稳定,应用开发与部署占比最大。

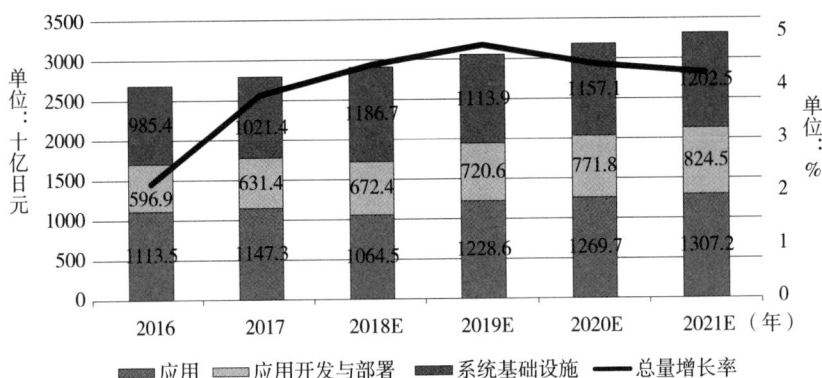

图 2-5　日本软件市场收入及增速预测

来源:申万宏源研究、IDC

四、日本传媒行业:报业王国依旧风光

日本堪称"报业王国",发行密度位列全球之冠,形成了以《读卖新闻》《朝日新闻》《每日新闻》《日本经济新闻》和《产经新闻》五家大报为核心的垄断集团。

电视作为日本传统媒体形式之一,拥有不可忽视的地位与受众群体。随着互联网信息化社会的发展,电视观众逐渐趋于老龄化。以千叶电视台为例,尽管辐射以东京为主的首都圈,王牌节目"吉祥物(マスコレ)"也是日本时下观众参与度较高的节目,如何寻找年轻的力量,扩大受众群仍然是电视台面临的问题。另一方面,直播在日本还是新兴事物,对其用户的分析显示,大部分都是充满好奇心与探索欲的年轻人。凭借日本社交榜第四位的傲人成绩,以及在年轻群体中的良好口碑,Newestage 旗下社交产品 Stager Live 不断聚集的用户,正是电视台需要发掘的群体。同时,新媒体能够打破电视的局限,解决传统媒体受限于互动、场景的问题。

日本游戏市场为仅次于中美的世界第三大游戏市场,2011 年后主机游戏市场规模逐年缩小,手游市场连年攀升。

五、日本通信行业:通信基础设施全球最为先进的地区之一

日本光通信网络建设、光纤接入全球领先,光纤到户(FTTH)迅速发展。日本在 1995 年用户系统光纤化率已达到 6.4%;2016 年 9 月

FTTH 用户数为 2868.8 万户,家庭普及率升至 60%。其中市场份额 68.4%;其次为 KDDI。据预计,2022 年 3 月末 FTTH 占固定宽带市场的比例将达到 80.3%。① 日本 100 Gbit/s 超高速光纤传输系统全面商用,与传统电路服务相比可节省约 20% 的成本,可用于波分复用(WDM)的骨干光纤网、海底光缆网络及超高速数据专线网中。

无线领域 5G 有序推进。将于 2020 年在一部分地区启用 5G 商用以配合东京奥林匹克运动会和残疾人奥林匹克运动会的举办,并计划 2023 年实现 5G 网络全国覆盖。据 Ovum 预测,日本 2021 年将成为全球第三大 5G 市场,NTT DOCOMO 将成为全球第三大 5G 运营商。

日本三大运营商 NTT DOCOMO,KDDI 和软银公司网络覆盖占用不同频段资源;为了防止不良竞争,各大运营商所使用的频段均由日本政府工信部决定。NTT DOCOMO 拥有 2GHz、800MHz、1.7GHz、1.5GHz、700MHz 等 LTE 频段,在基站的建设,信号强度,通话质量和手机服务上就优于其他对手。KDDI 4G LTE 服务以 800MHz 为主、1.5GHz 为主以及 1.5GHz 为辅的频段。软银的频段资源包括 900MHz、1.7GHz 等。

三大运营商投资 457 亿美元建 5G 网络或将共享 5G 基站,低于 6 万亿日元 4G LTE 投资总额。5G 网络主要源于 4G 基站升级,NTT DOCOMO 已宣布不需新增频谱。

日本通信产业链——光模块厂商掌握高端光芯片制造技术。日本为全球光模块、光器件主要研发地,低功耗、小型化的高速光模块产品

①　MM 研究院:《宽带线路安装业者用户调查(2017 年 3 月)》,2017 年 6 月 8 日,见 http://www.mzri.jp/news/detail.html? id=243。

有竞争优势。日本拥有前端技术,高速光收发模块产品(40G、100G 及以上)市场份额占比较大。

日本通信产业链——光纤光缆厂商为全球市场主要参与者。光纤预制棒核心技术主要源于日本,外沉积生产工艺有利于以高沉积速率制造大型预制棒。日本古河、住友电气、藤仓、信越、日立、三菱、昭和等均掌握轴向气相沉积法(VAD)工艺,此外信越等掌握棒外化学气相沉积法(OVD)工艺。相比于内沉积技术(MCVD、PCVD)在制造单模光纤时较有优势,光纤预制棒在光纤光缆产业链上具有利润优势,但光纤预制棒产能过剩。光纤预制棒制造环节占产业链利润约 70%,光纤、光缆生产各占约 20%、10%。2016 年光纤预制棒产能全球第二,产能过剩问题仍然存在。全球光纤生产厂家约 56 家,其中日本信越(仅制造和销售光纤预制棒)、藤仓、住友电气、日立占较大份额。

第三节　欧　洲

一、欧洲硬件科技:半导体行业仍然领先

2012—2016 年,欧洲地区半导体行业营业收入在 330 亿美元上下波动,年均复合增长率为 1.51%。欧洲地区半导体行业分布相对集中。2015 年,德、英两国合计占比达 46.4%。恩智浦(NXP)、意法半导体(STM)、英飞凌(Infineon)为欧洲地区主要半导体厂商,2016 年全球市场占有率分别为 3.4%、2.5% 及 2.3%。

受英特尔、三星等国际半导体厂商冲击及产品同质化问题的影响，欧洲半导体市场竞争日趋白热化。下游客户分散于电脑、互联网、消费电子、工业、汽车等领域，弱化了单个下游市场的影响力。

二、欧洲互联网行业：创新思维的缺乏导致发展缓慢

欧洲互联网市场：多语言环境阻碍互联网发展，移动互联网不发达。欧洲人口基数较小加上语言的割裂，加大了互联网发展成本，使市场变得更为狭小，加上欧洲推行高税收高福利政策，抑制了创新和创业，因此欧洲的互联网行业发展缓慢，远远落后于中美。欧洲成熟的 PC 技术造成移动互联网转型缓慢、欧洲人追求极致的工匠精神与移动互联网小步快跑形成鲜明的对比，阻碍了欧洲移动互联网的发展。

欧洲互联网市场的本土互联网巨头缺席、游戏领域实力雄厚。在 2016 年全球 APP 发行商前 15 名中，中美发行商占据 13 名，基本垄断了前 15 名发行商的榜单。欧洲仅有俄罗斯的 Yandex 跻身前 10 名，欧洲本土缺少互联网巨头。在游戏领域，2016 年游戏发行商前 10 名中有 7 家来自欧洲的公司，其中排名榜首的 King 与 Supercell 分别来自英国与芬兰，中国发行商腾讯排名第三位。

欧洲在线旅游市场份额较高。旅游是欧洲人重要生活方式之一，经济复苏，欧洲旅游市场业态恢复。在线旅游市场发展增速超过整体旅游市场，年平均增速 8%。2017 年欧洲在线旅游市场贡献超过 52% 的旅游业总收入。在线旅游渗透率如图 2-6 所示。

科技公司的缺少导致欧洲金融科技发展较慢。欧洲前 10 大市值

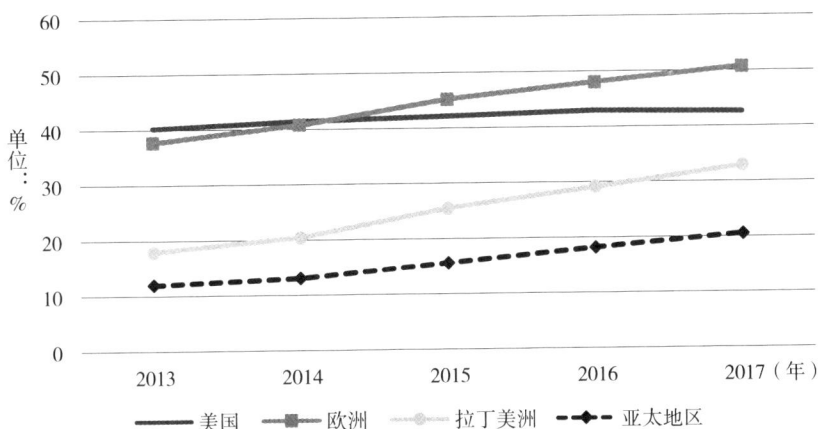

图 2-6　在线旅游渗透率（按区域划分）

来源：PhoCusWright、申万宏源研究

公司均不来自科技领域，且大都成立在 19 世纪左右，创新较慢。金融
科技风险投资孵化环境较差。2016 年前三季度欧洲风险投资的投资
额仅为 23 亿美元，占世界风险投资总额的 10%，美国占 60%，亚洲占
30%。相对保守的环境不利于创新企业的孵化。

三、欧洲软件行业：努力追赶美国但差距较大

　　欧洲软件行业应用阶段收入同比增速约 15%；欧洲软件生产商前
100 强公司在 2010 年累计实现营业收入 309 亿欧元，较 2009 年增长
14%；利润额由 2009 年的 37 亿欧元攀升至 2010 年的 58 亿欧元，同比
增长 56.8%。软件行业的研发投入由 2009 年的 38 亿欧元增长至
2010 年的 44 亿欧元，涨幅为 15.8%。德国思爱普（SAP）、法国达索
（Dassault Systemes）和英国 Sage 公司是欧洲前三大软件生产商。

软件的发展历史阶段包括局部服务、软件产品、行业应用(解决方案)、通用软件、互联网、技术(AI 等)。欧洲公司在第二、三、四阶段出色,第一、五阶段平淡。预计技术公司(第六阶段)大量发展和收购,以技术类公司为特征。

四、欧洲传媒行业:传统传媒依旧强势

高速移动网络基础设施的建设,为欧洲国家媒体的数字化转型及媒介融合提供了足够强大的技术准备。但技术领域的创新和快速发展并未带来媒体激进的变革和结构性转型,欧洲传媒力求在技术与传统间平衡,其发展路径呈现明显的稳定性和渐进性特点。

以英国、德国、法国为代表的传统欧洲强国,仍然保留相对强势的传统传媒企业,纸质传媒企业的盈利虽然逐步缩小,但新兴传媒与美国、中国相比发展速度仍然较慢,对传统媒体的挤压力度较小。

五、欧洲通信行业:企业并购频发,巨头整合是趋势

泛欧洲通信网络构想初现,反垄断政策有待放开。2013 年 1 月起,欧洲四大运营商有意筹建泛欧洲通信网络,该网络一旦建成,其规模堪比中国通信网络,用户人数将在 10 亿左右。各大通信公司期待整合各自手中资源,借助庞大欧洲市场,将优势发挥至极致,摆脱国家级市场规模限制。然而,受反垄断政策的阻碍,泛欧洲通信网络建设进展缓慢。

欧洲地区通信行业发展较早,自由全球公司(Liberty Global)是前
10 位通信集团中唯一的非欧运营商(美国)。欧洲地区国家众多,各国
均有不同的主导运营商。如英国有沃达丰(Vodafone)、英国电信
(BT)、氧气电信(O2)、橙子电信(Orange)、Three 等,德国有德国电信
(Deutsche Telekom)、氧气电信(O2)、易加(E-Plus)等,法国有橙子电
信(Orange)、SFR 电信等。

欧洲各国内部通信运营市场互相渗透,五大通信巨头争相斗艳。
以 2015 年的英国市场为例,英国市场拥有四大运营商,且份额较为均
衡。其中 EE 由原来的德国电信(Deutsche Telekom)和法国电信合并
而成,市场份额最高,后被英国电信(BT)收购;氧气电信(O2)原先是
英国电信的无线部门,后来独立,被西班牙电信收购;沃达丰
(Vodafone)为英国的大型跨国公司,在整个欧洲市场漫游服务较为优
质;Three 为李嘉诚的长江和记实业有限公司的子公司,相对实力较为
弱小。

第四节　印　度[①]

一、印度 TMT 行业概况

作为世界上发展最快的主要经济体之一,印度近年来取得了全球

---

① 本节特邀国家发展和改革委员会国际合作中心研究分析员毛克疾主笔。

瞩目的发展成就,而其最大亮点莫过于作为新兴服务业代表的 TMT 行业。虽然莫迪政府大力推行以"印度制造(Make in India)"为核心的制造业振兴战略,但由于种种体制、机制掣肘和软件、硬件限制,印度在全球制造业格局中的地位明显落后于其所占据的国际经济地位。与其落后的第二产业和滞后的工业化进程相对,印度在第三产业和信息化进程上却展现出了令人惊异的爆发力,成了象征印度经济繁荣的招牌。凭借其 10 亿级别的超大人口规模和较低的发展起点,印度以"下一个中国"为卖点,吸引了全世界投资者争相赴印度争夺蓝海市场——中美市场的赢家们希望在印度复刻辉煌,延续传奇;而失意者们也摩拳擦掌,希望印度成为时光机器,满足他们"再战一场"的夙愿。在这种背景下,虽然印度在工业发展、基础设施、居民收入等关键指标上仍显著落后,但是 TMT 行业却凭借无与伦比的发展预期,印度软件行业多年发展带来的技术队伍和管理体系,以及印度长期的相关人才供给率先成为印度经济的热点。例如,据竺道研究院《印度互联网发展白皮书 2017》的数据显示,2010 年至 2015 年,印度创业企业总共获得 180 亿美元的风险投资,成为仅次于美、中的全球第三大的创投市场。[①] 根据印度国家转型委员会(National Institution for Transforming India Aayog, NITI Aayog)首席执行官阿米塔布·康德(Amitabh Kant)的说法,印度拥有当前全球规模名列前茅的庞大创业生态系统,有近 4400 家科技创业公司,预计到 2020 年,这一数字将达到 12000 家。从这些方面看,印度是名副其实的世界 TMT 大国,而且其全球重要性还将随着印度经济

---

① 爱德华:《2017 年行业大盘点:互联网巨头印度抢滩记》,2018 年 1 月 26 日,见 http://www.dsb.cn/72203.html。

的崛起而进一步提高。

二、印度 TMT 行业特点

（一）工业化与信息化错位发展

印度制造业受到不合理的土地征收、劳动雇佣法律的严重制约，同时又受到交通、能源基础设施短板的限制，因此长期处于发展滞后的状态。在这种情况下，虽然廉价劳动力和巨大的国内市场是印度最为显著的发展优势，但它们却无法直接助推印度的工业化进程。与此相对，以 TMT 行业为代表的新兴服务业却因为行业本身的特点，无须大规模征收土地，无须进行大规模雇用劳动力，对基础设施的要求也较为宽松和灵活。由于受到体制机制因素的影响较小，印度 TMT 行业反而越过传统的制造业成为印度经济最具活力的部分。中国和美国先完成了全面工业化，再全面走上了信息化的历程，从这个角度看 TMT 是传统行业的自然延伸和数字化再造，但是印度的 TMT 行业却超前于工业制造而发展。这种错位发展、弯道超车是印度 TMT 行业的首要特征。

由于发展 TMT 行业对于软件、硬件基础设施要求较低，因此印度往往可以绕过棘手的全面性改革，仅仅通过某些单一手段，如增加智能手机的普及率，降低流量资费，增加手机信号覆盖等，就可以获得显著的增量市场。例如印度智能手机价格大战，2016 年运营商 Jio 推出的廉价 4G 流量等带来了印度 TMT 市场容量的爆发性增长。根据 GSMA 测算，2016 年至 2021 年，印度移动通信用户增长率将达到 23%，3G、

4G 用户有望从 2017 年 3 亿左右,到 2025 年达到 5 亿至 6 亿。可以说,这种爆发式的规模增长是维持印度 TMT 行业繁荣关键因素。

从根本上说,TMT 市场的繁荣是用户规模和用户质量两个关键因素综合的结果。印度由于市场基数大,且起点低,因此可以通过单一手段较为轻易地获取增量用户。近几年来,印度 TMT 行业的繁荣本质上说是单纯规模扩大的结果,但质量提升有限。这种模式的缺陷在于市场总量有限,用户规模无法持续扩大。在全面经济改革缺位的条件下,单一手段的规模扩张与用户质量无关,因此新增用户购买力不足,且对价格极其敏感,因此规模增长变现困难。在这种情况下,印度的互联网金融、在线娱乐、视频流媒体等细分 TMT 领域"叫好不叫座"的现象已经成为行业常态。印度 TMT 行业的短期增量指标和以用户数量衡量的名义指标往往会大幅度优于其长期指标和实际水平,这导致了印度 TMT 行业水分较多,经常出现估值虚高的情况。

(二)细分行业分化明显

印度 TMT 行业的另一大特征就是不同的细分行业走势出现显著分化。对于电商、视频流媒体等对硬件要求较高的细分行业来说,更容易受到印度产业链和基础设施短板的掣肘,导致前期开拓成本高昂,后期后劲不足。例如,与印度电商相比,中国电商在制造业发达、产业链完整的条件下,能够很容易地建立起"工厂—消费者"的最短路径,通过削减中间商而获得相对于传统零售业的价格优势。然而,由于印度缺乏工业制造能力,因此其在线销售的进口商品经过国际物流、进出口清关、多级分销网络后上架到电商平台后已无价格优势。

然而,对于娱乐、金融、在线教育等细分行业来说,落后的行业现状和硬件设施反而增加了数字化的替代方案"弯道超车""一步到位"的可行性和吸引力,使其获得超常的市场资源,增长前景较为乐观。例如,印度传统教育行业长期受到公立系统质量较低,私立系统覆盖不足,教育费用整体较高的困扰,因此能够突破地理限制提供大量廉价高质量教育内容的互联网教育就成了印度 TMT 行业最值得期待的细分领域之一。根据 Technopak 提供的数据,2016 年印度互联网教育市场处于启动状态,规模为 20 亿美元,未来将继续高速增长。同理,印度的硬件金融基础设施短板也为网络支付和在线转账系统提供了更为丰富的应用场景,尤其是在 2016 年莫迪政府推出废钞令后更是获得了极佳的增长成绩。

(三)市场碎片化程度高

印度 TMT 行业发展反映了印度政治、社会、经济领域的碎片化特征,沿着语言、地域、阶层的界限,TMT 行业市场被划分为若干个互相较为独立的小规模市场,这导致了印度 TMT 行业前期进入成本较高,同时后期市场整合不易。根据竺道研究院的分析,根据语言、收入和地理分布,印度的网络用户大致可分为消费行为迥异的三大类:(1)一线城市和部分二线城市说英语的用户;(2)其余来自一线至四线城市的本地语言用户;(3)农村网络用户。[①] 第一类群体购买力强劲,需求与国际用户趋同,属于典型的"头部用户",但是总量不多,且当前已经处

① 竺道研究院:《印度互联网创投生态分析与中印对比 2018—2019》,2018 年版,第 18 页。

于开发饱和状态。第二类群体是目前印度 TMT 市场增量的主要来源，他们对于价格更加敏感，且对语言多元化有明显的需求，开发难度较高。第三类群体是未来印度 TMT 市场增量的主要来源，但目前受制于硬件限制还未完全进入互联网时代，他们的市场价值偏低，但开发难度却最大。

以语言为例，虽然英语在印度使用范围较广，但是印度英语人口仅为 12%，这说明仅有大约 1.6 亿印度人能理解并在日常生活中熟练运用英语，包括印地语在内的其他语言仍在印度人日常生活中占主导地位。因此，语言多元化问题就成为印度 TMT 行业，尤其是新媒体和在线教育等注重内容的细分行业，下沉过程中所面临的主要障碍之一。竺道研究院的研究发现，尽管使用本地网络用户意识到了线上服务的存在，58% 左右的人还是因为语言障碍仍旧选择只使用线下渠道。①有了更多的地区语言内容，预计本地语言用户的网络使用模式可能在未来向英语用户趋同。这就为 TMT 从业者提出了适应语言碎片化的要求。目前，应对策略包括多语言操作系统、翻译和音译内置功能以及文字转语音等。

（四）印度政府支持力度较高

2015 年，莫迪政府把"数字印度（Digital India）"作为一项基本策略提出，提出全面提高印度的数字化水平，注重改善印度的互联网基础设施和降低民众进入数字化时代的门槛。在此倡议下，印度官方推出

---

① 竺道研究院：《印度互联网创投生态分析与中印对比 2018—2019》，2018 年版，第 19 页。

了统一支付系统(unified payment interface,UPI)、统一身份认证系统 Aadhaar(相当于中国的身份证)等开创性措施,从数字基础设施的层面大大加速印度 TMT 行业对整体经济的渗透和下沉。2016 年 1 月,莫迪政府又提出"印度创业,印度崛起(Start Up India,Stand Up India)"的口号,正式从国家层面引领创业风潮,以期在印度国内建立创业创新的生态系统。目前,印度政府已经在融资支持和奖励、产学合作和企业孵化、简化和指导三个重点领域出台了 56 条针对初创企业的支持政策。在中央政府之外,许多地方政府也制定了邦级创业政策,其中卡纳塔克邦、马哈拉施特拉邦和特伦甘纳邦在支持力度方面具备优势。

应该说,印度政府对于 TMT 行业发展的扶植,一方面是主动设计、选择的结果,另一方面也是形势所迫的无奈。印度在关键改革缺乏动力,工业化进程长期滞后,因此涉及技术咨询、信息产业的高端服务业不仅为印度创造了可观的就业机会,还创造了大量外汇收入。在这种背景下,印度政府也寄希望于 TMT 行业能成为印度经济增长的新支柱与突破口。

三、印度 TMT 行业主要势力分析

在美国和中国这种 TMT 行业较为发达的经济体中,其行业生态往往由少数几家互联网巨头主导,这些行业巨头往往会通过参股、投资、并购等手段涉足多个细分行业,从而构成以它们为核心的生态系统。从这个角度看,印度市场具有特殊性,因为中国、美国和印度本土势力都试图在印度这片蓝海市场上建立自己的生态系统,并争取在互联网

大战中占据最大的份额。例如,中国的电商巨头阿里巴巴、社交网络巨头腾讯、美国的搜索巨头谷歌和电商领头羊亚马逊都是印度市场上的主要外来玩家,而本土势力主要是 Flipkart 和 Times Internet,以及通信新贵 Jio。构建生态系统首先需要在关键领域发展自己的业务,其次再通过收购和投资向其他领域进行渗透。竺道研究院的报告认为,脸书和谷歌这种已经得到印度大部分流量的公司比其他公司更有建立生态系统的优势,因为它们凭借巨大的市场影响力在占股较小的情况下依然有能力控制初创公司。① 然而,其他并未掌握流量的互联网巨头,如阿里巴巴、腾讯和 Flipkart 则需要拿出大量资金用作收购股份,才能确保体系的控制力。

(一) 阿里巴巴-Paytm 系

目前,阿里巴巴正在与印度移动支付领域领军公司 Paytm 合作,以期将中国的"淘宝-支付宝"的成功案例复制到印度市场,并在印度建立跨细分行业的完整生态系统。目前,阿里巴巴-Paytm 系跨越移动支付、电子商务、物流、票务预订等多个领域。阿里巴巴-Paytm 系在电子商务、移动支付等传统强项站稳脚跟后已经通过内部创业的方式向在线娱乐、媒体传播领域开拓市场,并在票务预订等消费者服务领域继续扩张。当下,阿里巴巴-Paytm 系采取了差异化的投资策略:阿里巴巴利用成熟的体系优势专注于较为成熟的初创公司,而 Paytm 则利用本地化的知识和背景投资收购处于早、中期的初创公司。目前,阿里巴

---

① 竺道研究院:《印度互联网创投生态分析与中印对比 2018—2019》,2018 年版,第 83 页。

巴-Paytm 系除本地服务还未涉足外,已经在各个生活服务领域投资或收购了 Insider.in、BigBasket 和 Zomato 等头部公司,期望构筑生活服务、电商、电子支付协同发展的生态系统。

（二）腾讯系

依托 QQ 和微信的海量用户,腾讯是世界上用户规模最大的互联网公司之一,并且在在线娱乐、游戏等方面在全球 TMT 行业占领先地位。然而,印度腾讯系在印度的关键问题是其缺乏一个稳定的流量分发平台,因此很难复制其在中国市场"投资-整合-引流"策略。目前,印度的社交网络和即时通信行业已经基本定型,脸书和 WhatsApp 占据了主导地位,并且成为沟通印度本土和海外 3080 万印裔人群的关键纽带。在这种背景下,腾讯很难在印度本土重塑一个新"微信",因此腾讯只能改变集中投资的模式,转而选择与其他投资者共同投资处于成熟期的初创企业,主要以中后期领先企业为主,因此可以投资的标的较少。腾讯在投资方面较为激进,腾讯已经将触角伸进电子商务、网约车和健康科技等细分行业的头部企业,但是股权份额稀少和缺少分销渠道也限制了腾讯对其投资的公司的影响。

（三）Flipkart-沃尔玛系

在被沃尔玛收购之前,Flipkart 是印度最具价值的本土创业公司,且已经围绕电子商务的核心业务进行了二十多笔投资和收购。此前,Flipkart 进行的投资 40%集中于物流领域,如对货物转运至关重要的物流仓库和递送系统。Flipkart 还涉足互联网金融领域的初创公司,并借此进入 UPI,拿到预付工具(PPI)的使用权。总体而言,Flipkart 的收购欲望强烈,目前已经接管了电子商务领域的 11 家初创公司。①

2018 年 5 月,沃尔玛以约 160 亿美元的价格收购 Flipkart 77% 的股权,这成为沃尔玛史上最大的并购案。该交易对 Flipkart 估值约 200 亿美元,Flipkart 也成为印度价值最高的初创企业。沃尔玛作为全球最大的零售商,其在美国的市场份额不断被亚马逊蚕食,而其在中国的地位也不断被边缘化,因此印度市场对于沃尔玛来说可能是最后的翻身机会。然而,因为印度禁止外国资本直接投资线下零售,收购线上霸主 Flipkart 就是沃尔玛攻入印度零售市场的最好方式,因此收购 Flipkart 也许是沃尔玛线上线下一体化的关键决策。沃尔玛的战略资源注入,再加上 Flipkart 用并购、投资方式整合的生态系统,Flipkart-沃尔玛系正在成为印度不可小觑的重要玩家,其与亚马逊之间的电商大战将不可避免。

(四) 亚马逊系

失去中国市场的亚马逊在印度攻势非常猛烈,倾注资源抢占市场,一直在不断减小与行业领头羊 Flipkart 的差距。与其他竞争者相比,亚马逊在印度市场虽然攻势凌厉,但主要是建立自己的分支机构,而不是收购其他企业,因此在 TMT 领域的并购活动并不积极,只在消费服务领域进行了六项投资和收购。相比在初创公司中寻找优质标的,亚马逊更倾向于建立垂直的物流网络,并以同样的方式建立支付系统。

---

① 36 氪:《尘埃落定后,一起来回看"沃尔玛收购下 Flipkart"是如何一步步发生的》,2018 年 5 月 31 日,见 http://wemedia.ifeng.com/63026681/wemedia.shtml。

截至 2018 年,印度综合电商行业集中度虽然相对中国较低,但亚马逊和 Flipkart 已经占据了一半以上市场,双寡头竞争格局已经出现。随着沃尔玛收购 Flipkart,Snapdeal 跌入第二集团,印度电商领域的双峰格局会进一步深化,两大生态系统之间的竞争激烈程度也将进一步提升。

（五）谷歌系

谷歌是印度 TMT 行业的主要守成力量,其通过谷歌搜索引擎和安卓操作系统建立了强大的流量壁垒,并借此获得了建立生态系统的特权。目前,谷歌主要通过其投资部门 Capital G 进行投资,大部分标的属于易于进行流量引导的消费者服务领域,以拓展除了搜索之外的商业领域。但 Capital G 仅有 10% 的投资组合在印度,且其声称其仅是财务投资者,重点关注 C 轮及以上的投资,尤其偏好软件即服务（SaaS）、消费贷款、保险和中小型企业。整体而言,谷歌印度团队的策略较为保守,但是由于流量壁垒已经建立成型,因此未来仍有极大的增长空间。

第五节　其他区域

东南亚地区。该地区共有 11 个国家,约 6.4 亿人,总体上年龄结构年轻、消费意愿较强。东南亚地区各国政府积极发展 TMT 行业,在某些方面甚至更为开明,例如泰国政府于 2018 年 6 月将比特币在内的多种数字加密货币合法化。随着互联网和通信基础设施改善,移动支付、在线旅游、短视频和新闻聚合等市场快速增长,其中网约车企业新加坡 Grab 和印度尼西亚 Go-Jek 已成为估值百亿元美元上下的独角兽,2018 年 Grab 兼并了优步(Uber)的东南亚业务之后该地区出行市场的双巨头格局初步成形,此外东南亚地区还是增长最快的个人电脑游戏和手机游戏市场。不少国际投资者看好东南亚地区的 TMT 行业前景,中资企业同样积极布局,阿里巴巴投资了东南亚电商 Lazada、泰国电子钱包公司 TrueMoney,新加坡游戏公司 SEA 则依赖其最大股东腾讯的多款游戏独家代理在东南亚地区市场跑马圈地,网约车企业 Go-Jek、Grab 也分别由腾讯、滴滴投资。东南亚地区网约车等细分市场规模见图 2-7 和图 2-8。

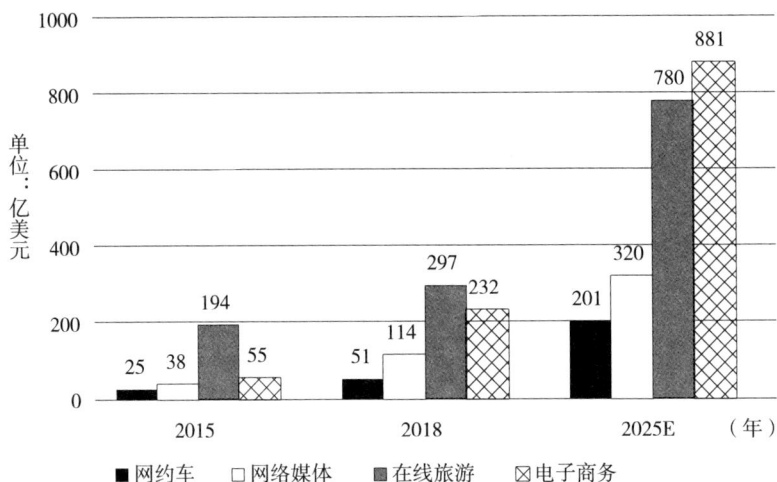

图 2-7 2015—2025 年东南亚地区互联网细分市场规模

来源:谷歌、淡马锡:《2018 年东南亚互联网经济报告》,2018 年 11 月;中投研究院

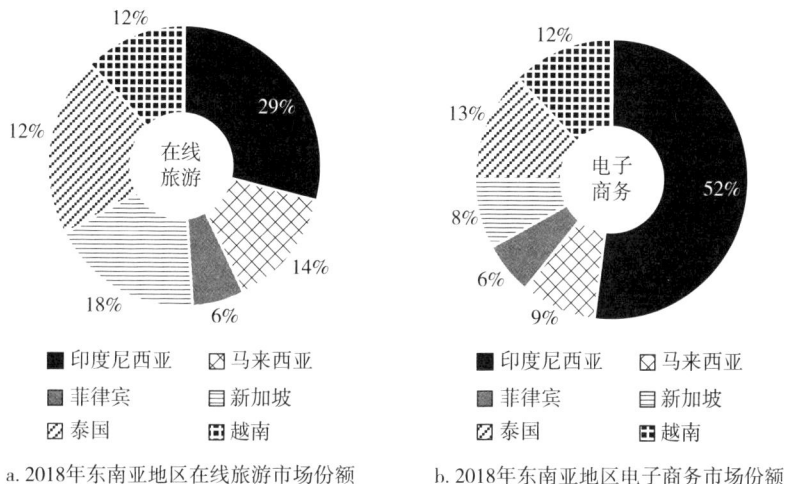

a. 2018年东南亚地区在线旅游市场份额　　　b. 2018年东南亚地区电子商务市场份额

图 2-8　2018 年东南亚地区互联网细分市场份额

来源:谷歌、淡马锡:《2018 年东南亚互联网经济报告》,2018 年 11 月;中投研究院

撒哈拉以南的非洲地区。整个非洲消费及商业支出预计从 2016 年 4 万亿美元增长到 2025 年 5.6 万亿美元,超过 10 亿美元年收入的非洲公司有 400 家,①总体上看,商业机会多但不确定性也比较大。具体到撒哈拉以南的非洲地区,2017 年底移动互联网用户 6.66 亿人,是 2010 年的四倍,预计智能手机数量将从 2017 年底 4.4 亿部增加到 2025 年 6.9 亿部,南非、肯尼亚、尼日利亚、加纳等国家的科技创投活动较为活跃,人口红利为 TMT 行业快速增长提供了可能;另一方面,该地区仍以 2G 为主,预计到 2025 年 3G 连接达到 60%,并且移动互联网

———————

① 　Jacques Bughin et al.,"Lions on the Move II:Realizing the Potential of Africa's Economies",2016 年 9 月,见 https://www.mckinsey.com/featured-insights/middle-east-and-africa/lions-on-the-move-realizing-the-potential-of-africas-economies。

用户和渗透率增速趋缓。[①] 由于基础设施薄弱、年龄结构、消费习惯等特点,撒哈拉以南非洲地区的电商、移动支付、在线音乐与视频等发展态势良好,亚马逊与奈飞(Netflix)在此激烈争夺付费视频市场,深圳传音成为当地乃至整个非洲最大的手机(含非智能手机)供应商,中国人创办的电商平台 Kilimall 辐射了肯尼亚及周边国家。顺带一提,腾讯的最大股东也在这一地区,即南非的报业传媒集团 Naspers。该地区移动互联网渗透率见图 2-9。

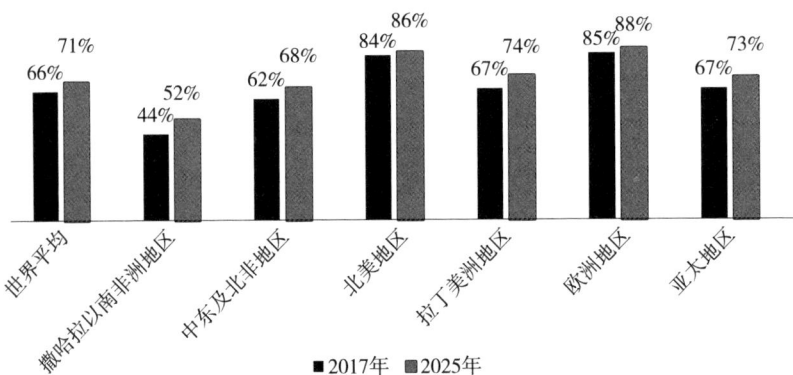

图 2-9 撒哈拉以南非洲地区与其他地区移动互联网渗透率对比图

来源:GSMA、中投研究院

以色列。以色列素以软件、互联网、半导体、通信、生命科学等行业著称,在纳斯达克上市的科技公司数量仅次于中、美两国。[②] 以色列创

---

① GSMA,"The Mobile Economy Sub-Saharan Africa 2018",2018 年 7 月,见 https://www.gsma.com/mobileeconomy/sub-saharan-africa/。

② 德勤:"Israel's Technology, Media, and Telecom Industry",2015 年,见 https://www2.deloitte.com/content/dam/Deloitte/xa/Documents/us-dcf-israels-tmt-011615. pdf。

投和并购活跃,TMT 行业是其中最活跃的行业领域,2018 年前四个月待价而沽的以色列企业中 TMT 行业占比 52%。以色列法律禁止被收购方使用"毒丸"策略对抗敌意收购,客观上对投资者有利。① 近年的典型案例包括英特尔收购以色列自动驾驶公司 Mobileye,霍尼韦尔(Honeywell)收购以色列网络安全公司 Nextnine,信威集团收购以色列唯一卫星运营商空间通信公司,巨人网络试图收购以色列最大的游戏公司 Playtika 等。

---

① MergerMarket,"Israel M&A Expected to Surge Driven by TMT Deals",2018 年,见 https://events. mergermarket. com/israel/israel-ma-expected-to-surge-driven-by-tmt-deals。

第 三 章

TMT 行业投资并购机会

第一节　TMT 行业投资并购概况

全球 TMT 行业的投资并购数量 2012 年到 2016 年期间年均复合增长率约为 7%，在所有行业中仅次于金融服务业，中资企业成重要推手。[1] 2017 年至 2018 年第三季度，中资企业海外并购数量以 TMT 行业最多，达 246 笔。[2][3]

---

[1]　德勤：《2017 中国 TMT 行业海外并购报告》，2017 年，见 https://www2.deloitte.com/content/dam/Deloitte/cn/Documents/technology-media-telecommunications/deloitte-cn-tmt-ma-report-zh-170303.pdf。

[2]　安永：《2018 年前三季度中国海外投资概览》，2018 年 10 月，见 https://www.ey.com/cn/zh/newsroom/news-releases/news-2018-ey-overview-of-china-overseas-investment-in-the-first-three-quarters。

[3]　晨哨集团：《2017—2018 中资海外并购回顾与展望》，2018 年 1 月 20 日，见 https://www.jiemian.com/article/1855519.html。

中国是 TMT 行业并购的主要参与者之一,中国在 TMT 行业并购的主要视角一是"拿来主义",拿来国外技术用以满足中国市场的技术和消费的升级,二是开展国外市场寻求新的增长点。以 2012 年到 2016 年的五年为例,根据 Mergermarket 统计,中国 TMT 行业境内并购数量年均复合增长率约 25%,而增长更为迅速的是中国企业的海外投资,海外并购笔数年均复合增长率达到了 27%,且交易金额五年间翻了大约六倍。据晨哨集团统计,2017 年中资企业 TMT 领域跨境并购交易为 105 笔,较 2016 年同比下降 18%,其中 59 笔披露了交易金额,涉及金额约 222.19 亿美元,较 2016 年同比下降 47.7%。

从 2017 年季度数据来看,一至四季度各发生交易 35 笔、27 笔、22 笔和 21 笔,交易笔数呈现逐步下滑趋势。各季度并购总金额依次为 19.97 亿美元、68.68 亿美元、11.96 亿美元和 121.48 亿美元,如图 3-1 所示。

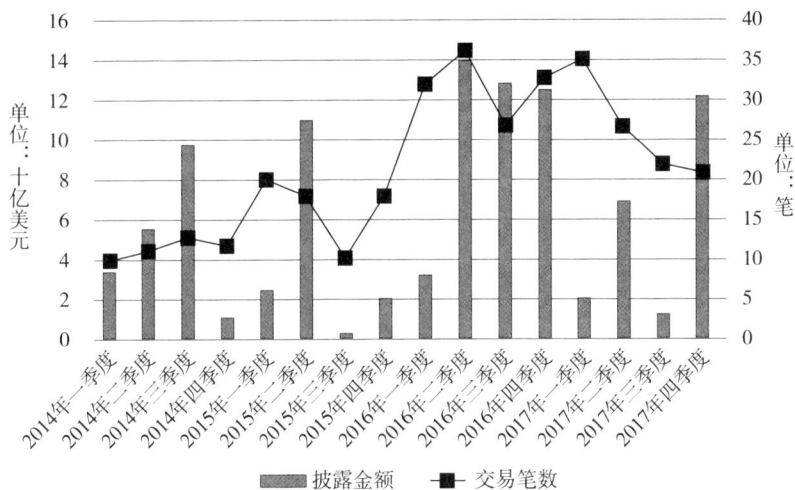

图 3-1　2014—2017 年中资企业 TMT 行业海外并购趋势图(季度)

来源:中投研究院根据公开资料整理

从投资目的地看,2017 年 TMT 行业并购,无论是按交易笔数还是按披露金额比较,美国均位列首位,共计 34 笔交易,占交易总数的 32.38%,涉及金额约 74.7 亿美元,占披露总金额的 33.64%。值得注意的是,2018 年由于受到中美贸易摩擦的影响,中国对美国的投资,尤其是 TMT 领域的投资,大幅下降,如图 3-2 所示。

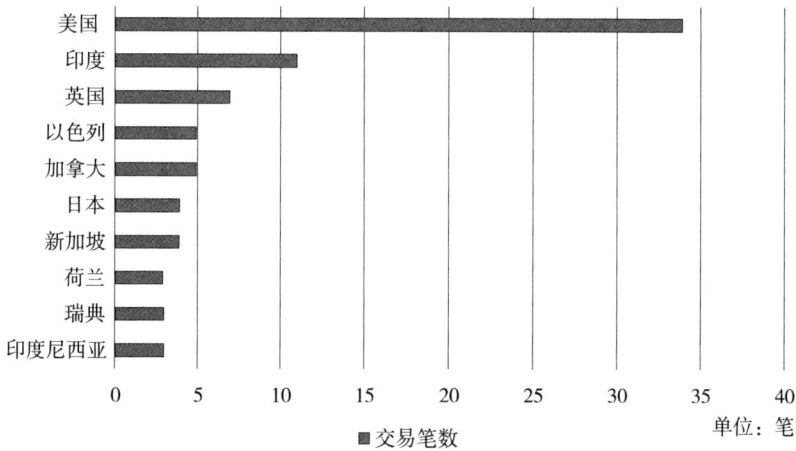

图 3-2　2017 年中资企业 TMT 行业海外并购十大目的地统计
来源:晨哨集团、中投研究院

2017 年 TMT 领域的跨境并购相对集中于科技领域,媒体和通信方面的收购并不活跃,虽然交易金额大幅下降,2017 年 TMT 行业海外并购交易仍比较活跃。特别是以百度、阿里巴巴、腾讯为代表的行业领头企业一直并购不断。腾讯收购 Snap10% 股份,阿里巴巴 10 亿美元增持 Lazada,百度在 AI 领域有多笔收购。另外,京东、复星、滴滴、小米、今日头条等公司各自有收购动作;传统电子企业奥瑞德光电也在半导体领域发力,收购 Ampleon 集团。

中资企业 TMT 行业跨境并购虽受国际形势影响,但中国 TMT 行业的私募股权与创业投资活跃,2015 年以来投资金额平均占所有行业的约50%,2018 年上半年 TMT 行业私募股权与创业投资共 362.5 亿美元,并进一步向大型独角兽公司倾斜,见图 3-3。

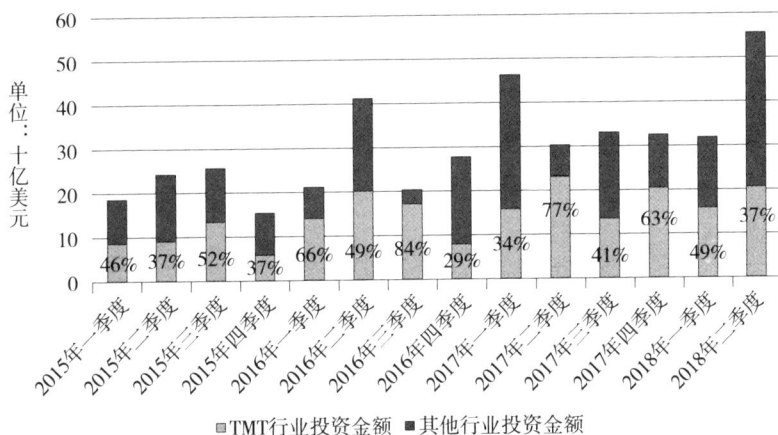

图 3-3　中国 TMT 行业私募及创投的投资金额

来源:普华永道:《MoneyTree™ 中国 TMT 报告:2018 年一季度/二季度》,2018 年 10 月,见 http://www.pwccn.com/zh/industries/telecommunications-media-and-technology/publications/moneytree-china-tme-report-q1q2-2018.html。

普华永道:《MoneyTree™ 中国 TMT 报告:2017 年三季度/四季度》,2018 年 4 月,见 https://www.pwccn.com/zh/industries/telecommunications-media-and-technology/publications/moneytree-china-tme-report-q3q4-2017.html。

与火热的私募股权与创业投资市场相比,2018 年上市的 TMT 公司股价跌破发行价相当常见,截至 11 月 12 日,包括小米集团、拼多多、美团点评、51 信用卡、趣头条等多家公司股价跌幅位于 20% 至 50% 之间,见表 3-1。

表 3-1　2018 年上市的 TMT 公司股价表现

公司	发行日	发行价	11 月 26 日股价	上市地	涨跌幅
Dropbox	3 月 23 日	$ 21.00	$ 23.66	美国	12.7%
爱奇艺	3 月 29 日	$ 18.00	$ 20.13	美国	11.8%
Spotify	4 月 2 日	$ 132.00	$ 136.00	美国	3.0%
平安好医生	5 月 4 日	HKD 54.80	HKD 34.30	中国香港	−37.4%
Avast	5 月 10 日	£ 2.5000	£ 2.8150	英国	12.6%
小米集团	7 月 9 日	HKD 17.00	HKD 13.92	中国香港	−18.1%
51 信用卡	7 月 13 日	HKD 8.50	HKD 4.81	中国香港	−43.4%
拼多多	7 月 26 日	$ 19.00	$ 24.96	美国	31.4%
Opera	7 月 26 日	$ 12.00	$ 6.96	美国	−42.0%
趣头条	9 月 14 日	$ 7.00	$ 4.66	美国	−33.4%
美团点评	9 月 20 日	HKD 69.00	HKD 50.10	中国香港	−27.4%
SurveyMonkey	9 月 26 日	$ 12.00	$ 13.32	美国	11.0%
流利说	9 月 27 日	$ 12.50	$ 8.25	美国	−34.0%

来源:中投研究院根据公开资料整理

第二节　TMT 行业发展趋势及热点

　　TMT 行业的发展基于技术的进步,颠覆性的技术甚至会带来整个社会生产模式的变化,从而带来高达数十倍乃至成百倍的财务回报。比尔·盖茨有一句名言,"人们总是高估了未来一到两年的变化,低估了未来十年的变革"。TMT 行业的发展是由技术发展和商业实现双轮驱动的,二者缺一不可,离开了商业可行性,技术只能是存在于实验室里的精美理论,离开了技术可行性,商业也只能是纸面上的夸夸其谈、无源之水。因此,探讨行业并购的热点既要关注技术发展的最新现状,又要评估商业的可行性。TMT 领域的投资,对技术发展脉络的梳理和掌控,对技术到达商业可行临界时点的判断,是同等重要的。对技术路线的判断失误会让投资者错过整个赛道,对技术发展节奏拿捏不准,布局过早则无法坚持到技术风口的到来,布局过晚则只能作为追随者,错过技术发展的最大红利。

从技术革命大历史维度梳理新技术,如果我们把时间拉长到以百年为单位,从更宏观的技术变革史的维度上来审视现代技术的发展阶段,近现代经历过三次大的技术革命,第一次是 18 世纪下半叶到 19 世纪上半叶以蒸汽机作为动力机而广泛使用为标志的第一次工业革命,第二次是 19 世纪下半叶到 20 世纪上半叶以电力的广泛使用为标志的第二次工业革命,第三次则是 20 世纪中叶开始,至今方兴未艾的以计算机、互联网、移动互联网广泛使用为标志的信息革命。

第一次技术革命用机器劳动代替了体力劳动,解放了人的四肢,第二次技术革命为自动化机器的能源问题提供了更泛用的解决方案,第三次技术革命解决了信息的处理、存储、检索、传输的问题,为人的脑力劳动提供强大的辅助工具,也为人与人之间的远距离信息共享、脑力协作带来可能性。

大数据、人工智能、区块链、5G、虚拟现实/增强现实(VR/AR)、云计算、物联网,近几年这些关键词不断刷屏,这些技术各有侧重,又彼此相关,如果不能跳脱出来梳理出背后的脉络,会给人一种"乱花渐欲迷人眼"的感觉。这些新技术的涌现,实际上标志着我们正处在第三次技术革命向第四次技术革命过渡的阶段。信息革命初期,计算机的发明解决的是信息的处理、存储的问题,背后的技术包括半导体/集成电路、计算机;信息革命的中期,互联网的发明解决的是信息的传输和共享,背后的技术是 TCP/IP、光纤网络;近十年刚刚兴起的移动互联网解决的是数据随时随地的采集、处理和传输的问题,背后的技术是移动计算、移动通信(3G、4G,未来是 5G)和传感器。

移动互联网的发展带来了一个额外的效果,即时通信、照片视频、电子出行、电子商务、定位信息(GPS)、消费娱乐,各种移动互联网应用产生了海量的数据。据统计,2016 年互联网每天产生的数据高达数百亿 GB,而互联网上 90% 的数据都是 2016 年以后产生的,并且数据产生的速度还在不断加快之中。

海量数据意味着我们有关于这个世界更精确的描述,应该利用这些数据更好地为我们服务。事实上,海量数据为我们打开了第四次技术革命——即所谓的人工智能革命的大门。这次技术革命的核心就是如何产生、存储、使用海量的数据。从这个视角出发梳理近几年涌现的新技术,会有豁然开朗之感:5G-mMTC 以及物联网技术解决的是如何产生更多的数据,甚至建立一个现实世界到数字世界的物理映射(VR/AR 则是对数字世界的沉浸式体验以及现实世界和数字世界的融合);区块链则是数据分布式存储的一种新技术,拥有去中心化、不可篡改等特性和机制,是未来实现数字世界中数据可信任的存储和交换的一项新技术,应用前景广阔,现实世界中的银行账户、法律文书、个人数据等对安全性和隐私性有更高要求的数据在数字世界中将更有用武之地;人工智能则是海量数据的重要使用方,通过神经网络、深度学习等技术达成感知、认知、推断等人类部分脑力劳动的替代,为人类大脑插上新的翅膀；大数据、云计算、5G 以及硬件层的半导体则是支撑这次技术革命不可或缺的底层技术。

跳脱出来，找到当前技术发展阶段的历史定位，也需要沉得下去，回归技术本身。不同领域、技术的研发和其实际应用实施有不同的发展规律。对于垂直型功能模块技术，它的应用拓展为直接和线性的。相关技术成熟以后，基础设施可以得到部署，此阶段结束后在市场可直接形成对应的应用。相比之下，系统性技术的应用落地则大多是沿着工具类开发者应用、功能类的模块用户应用、平台类的两类用户应用、系统和硬件集成的顺序推进，没有垂直型功能模块技术的应用发展规律那样一目了然。

技术应用浪潮发展至今，它对所面向领域的波浪式的渗透也始终按照一定规律进行。例如，行业信息富集程度由高到低，行业业务逻辑复杂程度由强到弱等顺序。逻辑简单、信息量大的狭义传媒一般率先被波及，之后便是类似的资讯丰富、逻辑清晰的社交和流通领域，然后是信息密度较小和重要性较低的饮食、线上到线下、线下娱乐和出行等领域，紧接着则是业务逻辑复杂程度明显上升的领域，如此层层深入。盖特纳提出的新兴技术成熟度曲线如图 3-4 所示。

盖特纳认为 2019 年至 2023 年期间最重要的前十大战略性技术趋势包括自动化（如无人机、自动驾驶、机器人）、增强数据分析、区块链、人工智能、量子计算、数字孪生（Digital Twin）等。[1] 美国政府部门预测

---

[1]　Kasey Panetta，"Gartner Top 10 Strategic Technology Trends for 2019"，2018 年 10 月 15 日，见 https://www.gartner.com/smarterwithgartner/gartner-top-10-strategic-technology-trends-for-2019/。

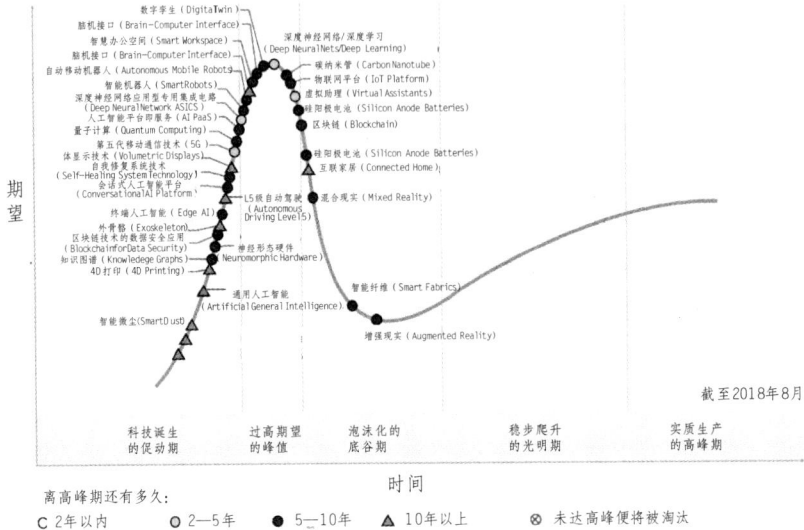

数字孪生（DigitalTwin）
脑机接口（Brain-Computer Interface）
智慧办公空间（Smart Workspace）
脑机接口（Brain-Computer Interface）
自动移动机器人（Autonomous Mobile Robots）
智能机器人（SmartRobots）
深度神经网络应用型专用集成电路
（Deep Neural Network ASICS）
人工智能平台即服务（AI PaaS）
量子计算（Quantum Computing）
第五代移动通信技术（5G）
体显示技术（Volumetric Displays）
自我修复系统技术
（Self-Healing System Technology）
会话式人工智能平台
（ConversationalAI Platform）
终端人工智能（Edge AI）
外骨骼（Exoskeleton）
区块链技术的数据安全应用
（BlockchainforData Security）
知识图谱（Knowledge Graphs）
4D 打印（4D Printing）
智能微尘（SmartDust）

深度神经网络/深度学习
（Deep Neural Nets/Deep Learning）
碳纳米管（Carbon Nanotube）
物联网平台（IoT Platform）
虚拟助理（Virtual Assistants）
硅阳极电池（Silicon Anode Batteries）
区块链（Blockchain）
硅阳极电池（Silicon Anode Batteries）
互联家居（Connected Home）
混合现实（Mixed Reality）
L5级自动驾驶
（Autonomous Driving Level 5）
神经形态硬件
（Neuromorphic Hardware）
智能纤维（Smart Fabrics）
增强现实（Augmented Reality）
通用人工智能
（Artificial General Intelligence）

期望

截至2018年8月

科技诞生 的促动期 | 过高期望 的峰值 | 泡沫化的 底谷期 | 稳步爬升 的光明期 | 实质生产 的高峰期

时间

高高峰期还有多久：
C 2年以内　● 2-5年　● 5-10年　▲ 10年以上　⊗ 未达高峰便将被淘汰

图 3-4　新兴技术成熟度曲线（2018 年版）

来源：盖特纳（Gartner）、中投研究院

2017 年至 2047 年间的新兴科技趋势包括物联网、网络安全、混合现实、大数据分析、机器人与自动化系统、3D 打印等。[①] 中国在"十三五"规划中明确提出加强人工智能、无人驾驶交通工具、区块链等新技术基础研发和前沿布局。

　　从投资并购的角度看，客观理性地分析行业实际情况是必不可少的。一是应避免盲目跟风热点概念，忽视技术和市场的成熟度，例如人工智能的前几轮高潮未能形成规模商业化；二是合理看待行业周期和泡沫，21 世纪初的互联网泡沫固然倒下了许多企业，但不改 TMT 行业

---

　　①　Jason Augustyn，"Emerging Science and Technology Trends：2017-2047"，2017 年 11 月 21 日，见 http://www.dtic.mil/docs/citations/AD1043071。

长期向上态势,相反,优胜劣汰之后的腾讯、亚马逊等一批公司最终成长为今天的巨头;三是风物长宜放眼量,当今全球和中国公有云计算的龙头企业亚马逊和阿里巴巴都是从不起眼的电商网站起家,模拟半导体龙头企业德州仪器最初只不过是石油企业,这种行业和技术发展的吊诡而伟大之处同时也证明了市场决定资源配置的重要性。

综合各方智识并考虑到行业代表性,以下章节分别对 TMT 行业的几个细分领域进行解读,其中既有中国已具备一定国际竞争力的无人机、电子游戏行业,也有中国需要继续追赶的信息安全、人工智能行业,还有方兴未艾但是市场前景广阔的物联网、区块链行业。

第 四 章

物联网

物联网(Internet of Things,IoT)概念于 1999 年提出,意即物件的互联网。从电报、电话、无线电广播到互联网等通信方式主要解决人与人之间信息传输交互的问题,而物联网更进一步解决广义的物与物之间信息传输交互的问题,涵盖了人、手机、家电家居、车船、管线、监控仪表等几乎所有事物,因此俗称"万物互联"。

第一节　万物互联时代喷薄欲出

物联网市场发展潜力巨大。各国企业均在积极布局物联网。机构预测,2020 年接入物联网设备数量将达到 200 亿—300 亿台(含智能手机和电脑),IBM 则认为这一数字将达到 385 亿台,2025 年将产生 4 万

亿—11 万亿美元不等的经济价值。软银集团 CEO 孙正义在收购 ARM
后指出,2018 年物联网设备的数量将会超过移动设备,2021 年将会有
18 亿台 PC、86 亿台移动设备、157 亿台物联网设备,并且在未来 20 年
物联网设备的数量将会超过 1 万亿台。统计口径和乐观程度的差异造
成预测不尽相同,但基本都对物联网市场将保持两位数高速增长的总
体趋势持肯定态度,有机构甚至认为 2016—2022 年间物联网市场复合
增长率将达到 32.4%,充分看好物联网市场巨大的想象空间和投资
潜力。①

　　物联网规模化应用尚需时日,商业模式有待验证。据盖特纳
(Garther)技术成熟度曲线(见图 3-4),物联网相关的技术多数集中在
属于早期阶段的创新萌发期(innovation trigger)和预期膨胀期(peak of
inflated expectations),多项技术需至少 5 年乃至 10 年以上才能趋于成
熟。尽管参与者众多,调查表明仅 36% 的企业实现了物联网的规模化
应用,相关行业中制造企业的规模化应用程度最高(62%),企业应用
物联网面临的主要困难包括安全与隐私威胁、商业案例缺乏、数据处理
能力不足、标准规范不统一、大量设备连接要求高等。Capgemini 分析
认为,存货管理、环境监测、智能货架、员工负荷管理等物联网用例具备
收益较高、回报期较短的特点,可作为企业率先实现物联网应用的突破
口,而态势感知、供需调节等收益较低、回报期较长的用例则应予以慎
重考虑。总体上,物联网的商业逻辑和盈利模式仍在试错和探索过程
中,更适合进取型企业和风险偏好较高的投资者。

---

①　麦肯锡:"How to Capture the Value of IoT 2018",2018 年。

我国物联网行业处于高速增长期,顶层设计特点鲜明。国务院和相关部委高度关注物联网行业发展,还专门多次印发指导意见、指南和实施方案,从国家层面进行顶层设计并提供政策支持,"十三五"规划要求构建有国际竞争力的物联网产业生态,提出"到2020年,具有国际竞争力的物联网产业体系基本形成,包含感知制造、网络传输、智能信息服务在内的总体产业规模突破 1.5 万亿元"。从2010 年到 2016 年间,我国物联网市场规模从 2000 亿元快速增长到9750 亿元,年均复合增长率约 25%,有分析预测 2018 年即可超过1.5 亿元。[1]

我国在物联网核心技术和专利上有一定积累,但与发达国家尚有差距。按照 Relecura 的统计,物联网行业的专利大多集中在汽车、制造业、消费、电信领域,前五大专利持有者依次是三星(4565 项)、高通(2880 项)、LG(2074 项)、华为(2056 项)和英特尔(1764 项)。尤其值得注意的是,在中高端芯片、操作系统、数据库等基础领域,总体上看我国还比较缺乏具有市场竞争力的核心技术,专利的数量和质量有待提升。

第二节　产业生态日益丰富

物联网按应用场景可分为消费物联网(如智能家居、可穿戴设

---

① 天风证券:《非银金融区块链专题报告之物联网领域:开启万物互联新时代》,2018 年。

备）、工业物联网（如"工业4.0"）、市政物联网（如智慧城市），分别与消费者、企业、政府有着密切关系。根据IoT Analytics收集整理的全球1600个物联网项目，智慧城市、工业物联网、智能楼宇和车联网项目数量最多，合计占63%。

仅从北美地区市场看，物联网行业的收入将从2017年900亿美元持续增长至2022年约1800亿美元，其中主要收入由消费、交通方面的应用贡献，如图4-1所示。

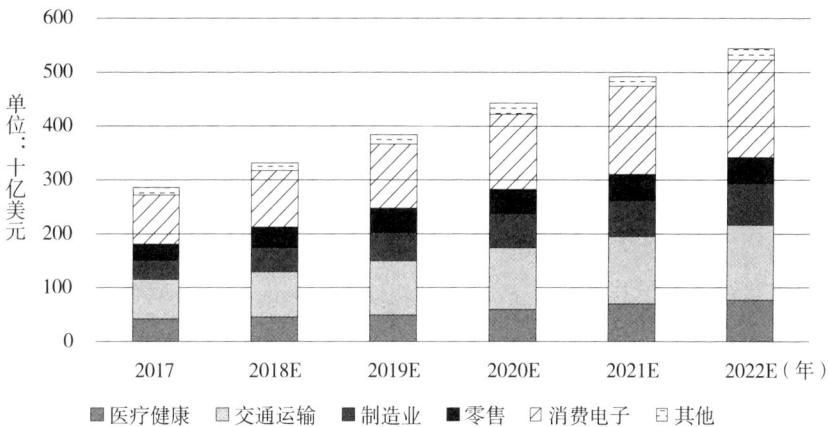

图4-1　北美地区物联网细分市场收入

来源：福布斯、中投研究院

信息通信领域的国际巨头纷纷布局物联网行业，一些初创企业也得到了高度关注（见表4-1）。总体上，美国企业在全面部署物联网方面领先，得益于活跃的风险投资资助了初创企业，英国、德国其次。英特尔、微软、高通、IBM试图提供通用的物联网产品和服务，亚马逊、通用电气、PTC、西门子、富士通在工业互联网领域纷纷推出各自的解决方案，AT&T、华为、思科在物联网的网络通信方面展开竞争，三星、Nest（已被谷歌收购)则发力智能家电。调查表明①,微软的 Azure IoT Suite 成为开发物联网软件应用首选,谷歌 Cloud IoT、亚马逊 AWS IoT 紧随其后。

表 4-1 全球最有实力的 20 家物联网公司(按公司英文名称排序)

公司	物联网相关业务
亚马逊	亚马逊于 2015 年开始提供物联网服务。AWS 即 Amazon Web Services,是亚马逊公司的云计算 IaaS 和 PaaS 平台服务,其中 AWS IoT 为物联网应用提供了一个全托管的云平台解决方案。
ARM	物联网需求增长对半导体厂商 ARM 来说是好消息。ARM 还推出了名为 Project Trillium 的机器学习平台,旨在为物联网部署提供机器学习能力。
AT&T	物联网的网络互联市场对 AT&T 这样的电信运营商是关键,AT&T 占美国物联网市场份额的 43%,全球财富 1000 强中 99% 的企业使用 AT&T 提供的物联网服务。
Ayla	一家创业公司,宣称拥有 100 个大企业客户,提供敏捷型物联网平台。
博世	博世的物联网套件是一种支持云技术的软件平台,从 2008 年到 2017 年实施了超过 250 个国际大型物联网项目,覆盖了交通、智慧城市、能源、制造业、农业、健康、智能家居和楼宇等领域。
思科	思科重点是车联网和窄带物联网,与世界各地的移动服务提供商合作,为广泛分布的物联网提供连接主干。
戴尔	2017 年 10 月成立了物联网部门,并承诺花费 10 亿美元在研究新的物联网产品和解决方案上。戴尔的产品聚焦在所谓的"分布式核心"模型,将计算功能从数据中心推到边缘设备上。
富士通	富士通主要致力于工业互联网解决方案,此外也关注从航空到农业领域的互联网应用。
通用电气	布局了物联网/工业 4.0 的底层,产品是一个 IIoT Predix 平台,致力于将生产过程自动化。

---

① Louis Columbus, "10 Charts that will Challenge Your Perspective of IoT's Growth", 2018 年,见 https://www.forbes.com/sites/louisicolumbus/2018/06/06/10-charts-that-will-changuenge-your-perspective-of-iots-growth/#3742238a3ecc。

续表

公司	物联网相关业务
谷歌	谷歌以其云计算核心产品为中心,谷歌管理的软件平台旨在为几乎所有的物联网项目提供基础服务,发布了物联网操作系统Android Things、物联网云服务Cloud IoT Core。
日立	重新构建公司业务,试图利用在工业和存储技术积累的优势发掘物联网数据的潜能。
华为	提供从芯片到平台的全场景、模块化方案组合,已在公用事业、物流、制造、智慧城市等多个领域全面应用。
IBM	成立了Watson物联网全球总部,把云计算和认知计算确立为重要战略支柱,以人工智能方式推动物联网产业落地。
英特尔	早已布局物联网行业,进行了大笔收购和投资,每年从物联网业务中赚得30亿美元。
微软	微软的核心物联网产品Azure是基于云计算的操作系统,其中IoT套件架构在Azure之上,可帮助客户加速物联网解决方案的开发。
Particle	美国的物联网新创公司,重点在企业市场。
高通	高通深耕物联网领域多年,每天出货的物联网芯片已经超过了100万片,针对物联网打造了五大系列产品解决方案:移动SoC、应用SoC、LTE SoC、连接SoC和蓝牙SoC。
三星	三星推出了ARTIK智能物联网软件平台,发力智能家电。
思爱普(SAP)	基于云的S/4HANAERP产品定位为连接设备和数据分析,Leonardo套件用于物联网开发和产品设计。
西门子	西门子的MindSphere和GE的Predix、PTC的ThingWorx在工业互联网平台领域展开竞争。

来源:IDG;物联网智库:《2018全球最强物联网公司榜单揭晓120家企业物联网战略大起底》,2018年3月19日,见http://www.iot101.com/news.2018-03-19/14034.html。

　　物联网按技术应用可粗略分为感知层、网络层、平台层,其中感知层主要是各种传感器和终端设备,面向最终用户(消费者、政府、工厂、企业);网络层主要采用Wi-Fi、蓝牙、窄带物联网(NB-IoT)、5G等各种通信技术,实现海量数据的互联互通;平台层目前以云平台服务为主,传统上采用中心式计算架构,但随着物联网接入设备数量的迅猛增长,集中式计算已独木难支,分布式的边缘计算应运而生,部分计算负载正在迁移到边缘节点。对应的生态系统及一些典型企业如图 4-2 所示。

图 4-2　物联网生态圈简图

来源:中投研究院

一、工业物联网

在数字化、网络化、智能化的发展趋势和个性化生产、产品全寿命周期管理等新需求双重驱动下,制造业通过与工业物联网(Industrial IoT,IIoT)的集成不断变革与重塑,可以通过预测性维护、远程检测与诊断、智能供应链管理、生产流程可视化等的实现来控制成本、提高质量和用户满意度。因此,工业物联网也被视为工业 4.0 的核心——信息物理系统(cyber-physical system, CPS)的关键组成。据 Aberdeen Group 的调查,工业物联网为生产制造带来的效益主要是降低成本、提高设备可用性、增加生产效率、改善产品质量、增强安全性等。

据埃森哲等机构预测,工业物联网的全球市场规模将以年均7.3%的增速在2020年达到1100亿美元,2030年将为全球增加14.2万亿美元的经济价值。导航研究(Navigant Research)认为,2017年至2027年间全球的工业物联网软件和服务收入将保持29.4%的年均高速增长率,在2027年达到774亿美元,其中北美、亚太地区和欧洲占据主要份额,如图4-3所示。制约工业物联网增长的特有因素一是改造成本较高,二是很多企业已在精益制造、工业机器人等方面有过大量投入。

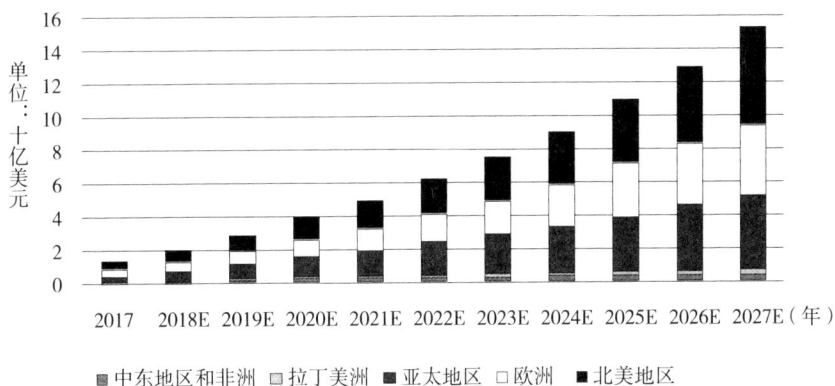

图4-3　工业物联网软件和服务在不同地区的收入

来源:导航研究(Navigant Research)

二、智慧城市

智慧城市建设以物联网为基础,其政府端应用包括智能管网(电网、热力、供/排水、燃气、井盖)、智慧照明、智慧交通、公共停车管理、垃圾处理、环境检测与治理等,居民端应用包括智能仪表(水表、电表、燃气表)、智慧社区等。有分析认为,2016年全球智慧城市各领域联网设备数量达到 16 亿个,2020 年将突破 97 亿个。① 目前全球已启动或在建的智慧城市已达上千个,中国以 500 个试点城市居于首位,形成了长三角、珠三角等多个智慧城市群,预计我国智慧城市市场规模将从 2015 年的 4317 亿元增长至 2018 年的 6504 亿元②。

与物联网的其他应用场景最大的区别在于:智慧城市要求支持海量机器连接,即连接数密度指标越高越好。每平方公里范围内,基于 LTE 的窄带物联网(NB-IoT)技术可支持 10 万个连接,5G 技术的海量机器类通信(mMTC)场景可支持 100 万个连接,能够较好地满足未来一段时间内不同规模城市容纳物联网设备数量快速增长的需求。工业和信息化部提出,到 2020 年,NB-IoT 网络实现全国普遍覆盖,基站规模达到 150 万个,实现基于窄带物联网的 M2M(机器与机器)总连接数超过 6 亿个。③ 同时,地方政府和企业积极响应,例如,江西省鹰潭市开展了 NB-IoT 试点并发力智慧城市建设,华为在窄带物联网、5G 标准制定方面发挥了重要作用。

三、智能家居和穿戴

从宽泛的消费物联网概念看,预计全球消费级终端的数量将从 2017 年 49 亿个增长到 2022 年 153 亿个、年均复合增长率 25%,其中中国(未

---

① 中国信息通信研究院(工业和信息化部电信研究院):《物联网白皮书》,2016 年。
② 德勤:《超级智能城市 更高质量的幸福社会》,2018 年。
③ 《工业和信息化部办公厅关于全面推进移动物联网(NB-IoT)建设发展的通知》,2017 年 6 月。

统计港澳台数据)从 2017 年 13 亿个增长到 2022 年 45 亿个、年均复合增长率 28%,如图 4-4 所示。具体到智能家用设备,Ovum 预测数量将从 2016 年 2.24 亿件增加到 2021 年超过 14 亿件,尤其得益于安防类设备(如摄像头、门锁)和水电气设备(如联网灯泡、温度调节器),如图 4-5 所示。到 2021 年,最大的市场将会是中国和美国,智能家用设备在各国的市场渗透率预计达到美国 69%、日本 41%、英国 40%、法国 29%、中国 27%(未统计港澳台数据)、意大利 27%、德国 26%、印度 3%。

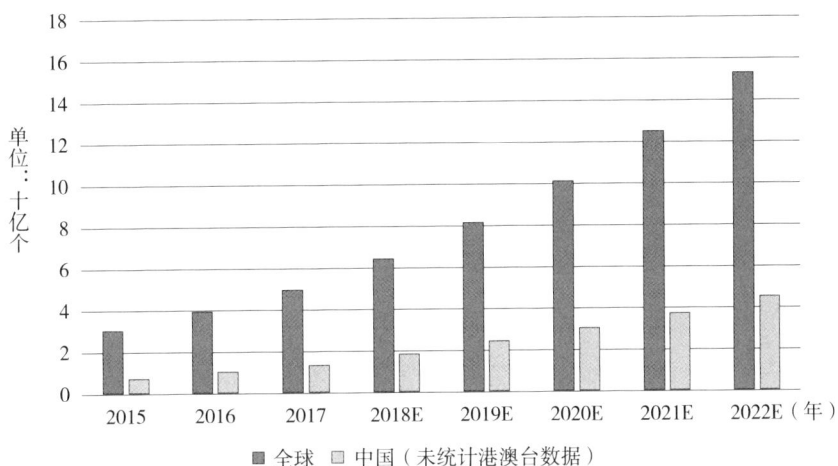

图 4-4　全球及中国(未统计港澳台数据)消费级物联网终端数量

来源:小米公告、艾瑞咨询、中投研究院

智能音箱被视为手机之外的又一个家用物联网入口,自亚马逊 2014 年发布 Echo 音箱之后,包括谷歌、小米、喜马拉雅在内的上百家 IT 厂商和内容提供商纷纷入局。据市场研究公司 Canalys 测算,2018 年一季度全球智能音箱总销量为 900 万件,其中谷歌首次夺得季度销量冠军(36.2%),亚马逊(27.7%)屈居次席,阿里巴巴、腾讯、小米合

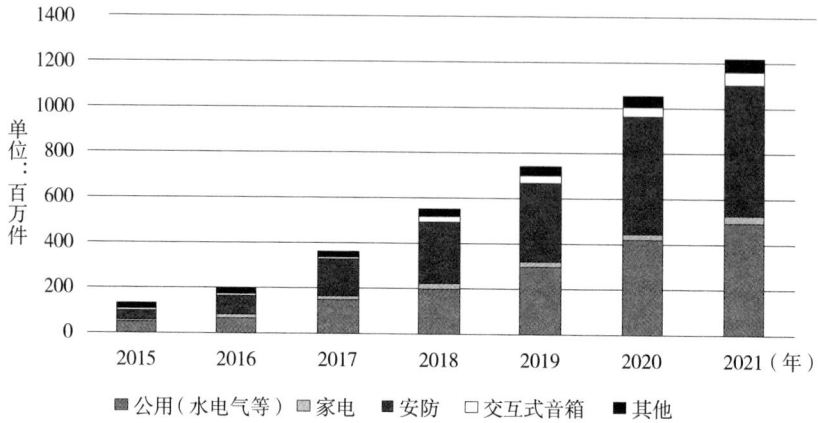

图 4-5 智能家用设备销量

来源：Ovum、中投研究院

计占 18.8%，预计 2018 年全年将达 5630 万件。

2018 年在香港证券交易所上市并一度申请中国存托凭证（CDR）

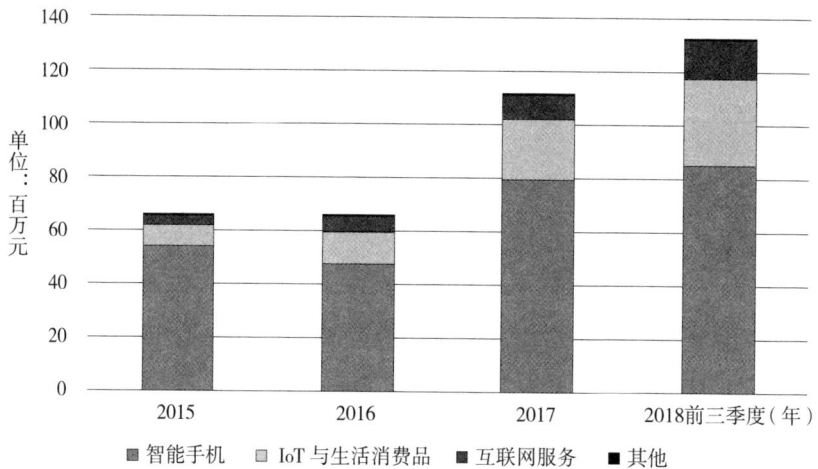

图 4-6 2015 年至 2018 年前三季度小米业务收入

来源：小米公司公告、中投研究院

的小米公司同样值得关注,尽管其自我定位为互联网公司,但在物联网业务上不断探索,建立了较丰富的生态链企业圈,即便是在 2016 年主营手机业务收入下滑 9.2% 的困境中,小米的物联网及生活消费品业务也实现了 43% 的增长。物联网及生活消费品占小米公司营业收入的比重已经从 2015 年的 13% 上升到了 2018 年前三季度的 22.1%,如图 4-6 所示。

第三节　并购案例分析

近年来,物联网领域的收购趋于活跃,尤其是 2016 年全球物联网行业的并购总额猛增至 933 亿美元,投资和并购的交易数量也大幅增加,见图 4-7。比较著名的收购案例包括:2014 年谷歌以 32 亿美元收购智能家居厂商 Nest,2016 年思科 14 亿美元收购物联网平台供应商 Jasper、高通宣布收购恩智浦(NXP)、软银集团 320 亿美元收购移动处理器公司 ARM,2017 年英特尔 153 亿美元收购以色列智能车载系统公司 Mobilieye 进军车联网等。

京东方收购法国 SES。2017 年,京东方以每股 30 欧元收购法国泛欧证券交易所上市公司 SES 超过 50.01% 的股份,截至 2018 年 3 月,京东方累计持有 SES 发行在外流通股份的 79.94%,支付股份总对价 3.24 亿欧元。

京东方公告称,SES 是电子货架标签和数字标牌供应商,其解决方案由显示终端(电子货架标签)、店内通信设施和软件平台构成,已在

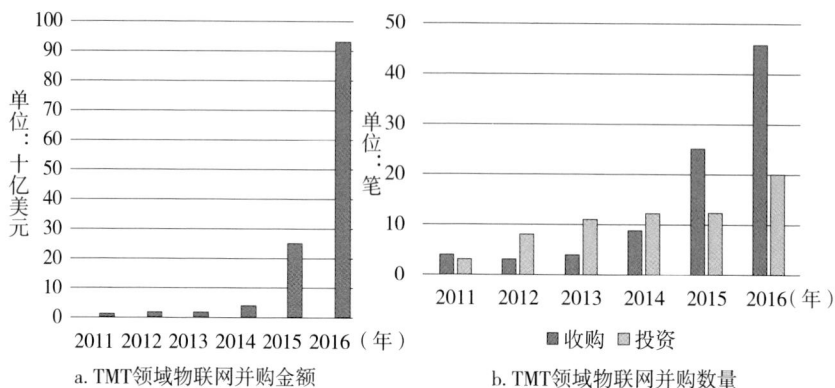

a. TMT领域物联网并购金额　　　　b. TMT领域物联网并购数量

图 4-7　TMT 领域物联网并购金额与数量

来源：Francesco Radicati,"IoT Acquisitions Research ＄96B in 2016：Where did the Money go?"，
2017 年 6 月 27 日，见 https://www.iotworldtoday.com/2017/06/27/iot-acquisitions-reach-
96b-2016-where-did-money-go/。

全球超过 50 个国家、100 家零售品牌、1.2 万家门店得到应用,电子标签累计安装约 1.5 亿个。预计 2017 年到 2020 年间,全球电子货架标签将以每年 30%的速度增长。

　　该收购符合京东方的软硬融合、应用整合和服务化转型的整体发展战略,有助于搭建零售行业的物联网平台,抓住"新零售"的契机,在中国(未统计港澳台数据)刚起步的电子标签市场抢得先机。京东方 2017 年营业收入 938 亿元,同比增长 36.15%,归母净利润 75.68 亿元,同比增长 301.99%。

第 五 章

区块链

区块链(blockchain)是一种新型的分布式数据库技术,又称为分布式记账技术(DLT),具有去中心化和难以篡改等特征,适合于多方的协作互信,受到多国政府和企业的重视,我国《"十三五"国家信息化规划》①提出将区块链作为战略性前沿技术超前布局。2019 年 10 月,习近平总书记在中央政治局集体学习时强调,要把区块链作为核心技术自主创新重要突破口,加快推动区块链技术和产业创新发展。

第一节　区块链行业现状

区块链本质上是数据库,利用加密算法、分布式存储和 P2P 网络

---

① 《国务院关于印发"十三五"国家信息化规划的通知》,2016 年 12 月 15 日,见 http://www.gov.cn/zhengce/content/2016-12/27/content_5153411.htm。

等技术实现去中心化,不再把数据统一存放在某个数据中心或者某个经营实体,因而具有更广泛的信任基础。按照权限范围,区块链可分为公有链(public blockchains)、联盟链(consortium blockchains)、私有链(fully private blockchains)。

一、区块链市场

区块链行业处于起步阶段,在不计入数字加密货币产业的情况下市场规模仅为数亿美元,但其快速增长的潜力和前景已得到广泛认同。美国是公认的区块链发展领先国家,中国紧随其后。全球 1242 家区块链企业中,美国、中国、英国的企业数量排名前三,依次为 455 家、298 家、97 家。截至 2018 年 7 月,全球区块链相关专利申请 3731 件,中国累计 2002 件,数量最多,美国 1076 件;区块链项目数量方面,2017 年美国 1728 个,中国 527 个。[①]

大型企业纷纷布局区块链行业。IBM 致力于打造"IBM 区块链生态系统",帮助加入的企业发掘新的商业机会和解决现有的业务痛点,其成员来自公用事业、金融服务、安全认证、物流运输等不同行业。[②]亚马逊和微软各自宣称自己的 AWS 和 Azure 云上运行区块链更为高

---

① 中国信息通信研究院、可信区块链推进计划:《区块链白皮书(2018 年)》,2018 年 9 月,见 http://www.caict.ac.cn/kxyj/qwfb/bps/201809/P020180905517892-312190.pdf。

② IBM,"Emerging Technology Projection: the Total Economic Impact of IBM Blockchain", 2018 年 9 月 21 日, https://www.cbronline.com/whitepapers/emerging-technoligy-projection-the-total-economic-impact-of-ibm-blockchain/。

效可靠,提供所谓的区块链即服务(BaaS),支持以太坊和 Hyperledger Fabric 开源框架,并且将供应链、金融等作为应用重点介绍。英特尔、英伟达等芯片厂商也对区块链予以不同程度的关注。

二、区块链应用现状

市场对区块链的认知和接受程度不断提高。从行业看,金融服务被视为区块链应用的主要方向,区块链可以简化操作、提高监管效率和流动性、降低对手方风险和欺诈、减少结算时间,[1]具体包括供应链金融、贸易金融、征信、清算、保险理赔、资产证券化等场景,其中供应链金融的中国市场规模预计从 2017 年 13 万亿元增长至 2020 年 15 万亿元;工业制造、能源和公用事业、医疗保健行业的应用潜力也在显现,[2]具体包括食品药品溯源、版权保护和交易、电子存证、物联网、公益慈善等场景,解决信息真实和共享等问题,其中 2016 年食品药品溯源中国市场规模 10 亿元。[3] 另有调查表明,受访公司应用区块链最多的场景依次是供应链、物联网、数字身份、数字记录、数字货币、支付、选举。[4]

---

① 　World Economic Forum, "The Future of Financial Infrastructure", 2016 年 8 月,见 http://www3.weforum.org/docs/WEF_The_future_of_financial_infrastructure.pdf。

② 　PwC, "PwC's Global Blockchain Survey 2018", 2018 年,见 https://www.pwccn.com/global-blockchain-survey-2018。

③ 　工业和信息化部信息中心、起风财经区块链研究院:《2018 年中国区块链产业白皮书》, 2018 年 5 月,见 http://www.miit.gov.cn/n1146290/n1146402/n1146445/c6180238/part/6180297.pdf。

④ 　Deloitte, "2018 Global Blockchain Survey", 2018 年 8 月,见 https://www2.deloitte.com/us/en/pages/consulting/articles/innovation-blockchain-survey.html? id = us: 2sm:3tw:4gblock18::6cons:20180827010700:&linkId = 55968490。

　　供应链是区块链落地最快的应用场景之一。沃尔玛、联合利华、雀巢等食品公司通过区块链追溯食品的生产、存储和处理环节；必和必拓（BHP）宣布将使用区块链跟踪并记录其采矿过程；英国石油公司（BP）、通用电气、联合包裹运输服务公司（UPS）、联邦快递（FedEX）、思爱普（SAP）、京东、微软等近 500 家企业已经加入 2018 年 7 月成立的区块链运输联盟（BiTA）；最大的钻石公司之一戴比尔斯（De Beers）借助区块链证明其钻石产品的无争议和真实性。区块链技术在供应链的典型示例见图 5-1。

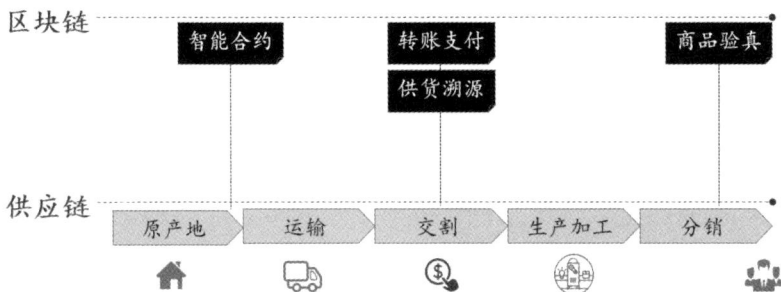

图 5-1　区块链在供应链中的典型应用

来源：中投研究院

　　另一种典型应用是支付场景，这与区块链的共识机制密切相关。一般而言，去中心化的代价是牺牲性能，不同的共识机制可以在去中心化和性能之间进行取舍，优先考虑去中心化的区块链适合更广泛、松耦合的价值交换或协作，强调性能的区块链适合跨境支付、联盟生态等场景。基于此，区块链可以按共识机制分为非许可链和许可链，前者通过工作量、股权份额证明等共识机制强调去中心化和安全性（完全去中心化的比特币、以太坊网络处理能力分别为每秒 7 笔、每秒 15 笔交易），后者通过指定少数中心节点代理投票提高性能［瑞波（Ripple）、EOS 网络处理能力分别达每秒 1500 笔、每秒近 3000 笔交易］。① 相比之下，Paypal 处理能力为每秒 193 笔，VISA 为每秒 24000 笔。专注于各种法定货币、数字加密货币跨境支付清算的瑞波（Ripple）得到了瑞银、美国运通、谷歌、三菱日联等多家机构的投资或者建立了合作关系，其速度更快、成本更低的跨境支付已经引起了越来越多的关注。此外，IBM 区块链生态系统也是基于许可链技术。

三、区块链应用的阻碍

区块链应用的最大阻碍是监管的不确定性。值得注意的是，虽然各国政府对待数字加密货币的态度不同，但对区块链本身总体上都是支持态度，见表 5-1。

表 5-1　部分国家和地区区块链和数字加密货币监管政策动态

经济体	监管政策动态
中国	2017 年 9 月，七部委公告叫停首次代币发行（ICO），指出代币发行融资中使用的代币或"虚拟货币"不能也不应作为货币在市场上流通使用，数字加密货币交易所随后终止境内业务；另一方面，区块链技术多次出现在政府白皮书中，作为关键技术进行扶持。

---

① Anjiali Tyagi，"EOS Breaks New Records with 2822 TPS，Leaving BTC，ETH & XRP Way Behind"，2018 年 7 月 19 日，见 https://coingape.com/eos-records-2822-tps-leaving-btc-eth-xrp-behind/。

续表

经济体	监管政策动态
美国	对于数字加密货币现货交易主要从反洗钱和 ICO 是否注册角度进行监管;对于数字加密货币期货交易由美国商品期货交易委员会(CFTC)负责监管;俄亥俄州自 2018 年 11 月起接受比特币纳税。
日本	2016 年 5 月 25 日,日本国会通过《资金结算法》修正案,承认数字加密货币为合法支付手段,成为第一个为数字加密货币交易所提供法律保障的国家;2018 年 1 月,Coincheck 交易所失窃后,日本金融厅加强对数字加密货币交易所的监管。
新加坡	2018 年 9 月,新加坡金融管理局(MAS)将代币分为三类,对于应用型代币不予监管,对于支付型代币将在 2018 年底制定相关条例草案,而证券型代币适用于现有的新加坡证券及期货法。
澳大利亚	2018 年 4 月,要求位于澳大利亚的数字加密货币交易所必须注册,并履行反洗钱等合规和报告义务。
欧盟	2018 年 4 月,欧盟 22 国签署《区块链共同宣言》;三季度,欧盟将数字加密货币交易纳入数字支付欺诈监管范畴。
瑞士	2018 年 2 月,瑞士金融市场监管局(FINMA)发布了 ICO 的准则,对不同类型项目分别适用证券法和反洗钱法;此外,FINMA 认为金融机构可以将数字加密货币视为高风险资产类别。
加拿大	2018 年 8 月,政府推迟发布对加密货币和区块链公司的监管规定。
以色列	2018 年 2 月,以色列最高法院要求银行允许交易数字加密货币,并禁止限制与该行业相关的公司的银行账户;税务当局公告指出比特币等数字加密货币被视为资产,而不是货币。
巴拉圭	拟通过修宪为数字加密货币提供税收减免优惠,甚至承认数字加密货币的合法地位。
韩国	2018 年 6 月,解除于 2017 年 9 月颁布的 ICO 禁令;7 月,立法机构制定了关于数字加密货币、ICO 和区块链监管的新草案。

来源:中投研究院根据公开资料整理

另一个主要障碍是用户间的信任协作,区块链只能提供技术解决方案,不可能取代利益共享和谈判。

第二节　区块链1.0产业生态

数字加密货币(crytocurrency)是区块链最早、最典型的应用,因此称为区块链1.0。多数区块链都有对应的通证(token,有时译为代币)作为持有凭证,加密数字货币就是用于支付的一类特殊通证,因此区块链和加密数字货币不能混为一谈。

比特币(bitcoin)是最早也是目前市值最大的数字加密货币。2008年10月,署名作者为"中本聪"的文章《比特币:一种点对点的电子现金系统》①综合运用已有的数学理论、信息技术和金融知识,创造性地解决了困扰货币数字化的"双花"(double-spending)和"拜占庭将军"两大问题,可确保支付交易的唯一性和不可篡改。此后,各种数字加密货币层出不穷(市值超过20亿美元的数字加密货币见表5-2),场内、场外交易所和数字加密货币ATM应运而生,比特大陆迅速成长为矿机龙头,英伟达受益于挖矿对显卡的需求股价大涨,2017年底芝加哥期权交易所(CBOE)、芝加哥商品交易所集团(CME)先后推出比特币期货合约,使用数字加密货币进行的募资活动日益频繁,围绕数字加密货币的发行和交易的产业生态初步形成。

---

①　Satoshi Nakamoto,"Bitcoin:A Peer-to-Peer Electronic Cash System",2008年10月,见 https://bitcoin.org/bitcoin.pdf。

表 5-2　主流数字加密货币价格和市值(截至 2018 年 11 月 21 日)

		名称	市值 (亿美元)	价格 (美元)	一年涨幅 (%)	自发行起的 涨幅(%)
1		比特币(BTC)	808.8	4651.59	-43.5	3322.9
2		瑞波币(XRP)	181.8	0.45	85.8	7502.3
3		以太币(ETH)	142.6	137.97	-62.3	4745.7
4		比特币现金 (BTH)	42.8	245.14	-79.7	-56.4
5		Stellar(XLM)	40.0	0.21	422.3	6755.6
6		EOS	34.8	3.84	95.0	270.0
7		莱特币(LTC)	20.4	34.43	-52.1	701.3

来源:https:coinmarketcap.com

一、交易所与数字加密货币 ATM 产业

数字加密货币交易所分为现货交易所与衍生品交易所。主流交易所大多位于东亚地区和美国,例如位于日本的币安、中国香港的 OKEx 和 Bitfinex、新加坡的火币、韩国的 BitThumb、美国的 Bitstamp 和 Bittrex 等。交易额排名前三的现货交易所见表 5-3。最大的衍生品交易所是 BitMEX,其主要交易品种为比特币美元期货,24 小时交易额达 29.8 亿美元。

表 5-3　数字加密货币现货交易所(截至 2018 年 11 月 22 日)

	名称	活跃交易 品种数量	24 小时交易额 (亿美元)	成立日期
1	币安(Binance)	384	8.02	2017 年 7 月

	名称	活跃交易品种数量	24 小时交易额（亿美元）	成立日期
2	OKEx	510	6.37	2014 年 1 月
3	火币(Huobi)	287	6.24	2013 年 9 月

来源:https://coinmarketcap.com

数字加密货币 ATM 作为新兴事物,尚未被广泛接受。截至 2018 年 10 月,美国安装 2175 台,占全球 66%;Genesis Coin、General Bytes、Lamassu 三家供应商合计占数字加密货币 ATM 市场份额约 72%,见图 5-2。

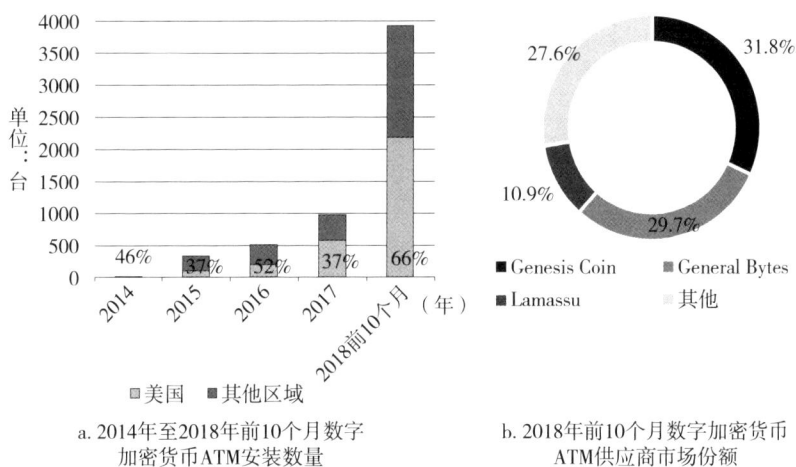

a. 2014年至2018年前10个月数字
加密货币ATM安装数量

b. 2018年前10个月数字加密货币
ATM供应商市场份额

图 5-2　数字加密货币 ATM 安装数量及市场份额

来源:https://coinatmradar.com/charts/growth/

二、矿机及计算芯片产业

数字加密货币对算力的渴求造就了矿机产业。矿机龙头企业比特大陆基于 ASIC(特定应用集成电路)的数字加密货币矿机 2017 年收入约 22.6 亿美元,占全球市场份额的 74.5%。另外两个矿机企业嘉楠耘智、亿邦国际 2017 年收入分别达到 13.1 亿元、9.8 亿元。

矿机的核心是 GPU、FPGA(可编程逻辑门阵列)、ASIC 等计算芯片。这些计算芯片擅长专用场景的密集计算,既适用于挖矿需求,也适用于多数人工智能场景。GPU 通过牺牲逻辑能力提高并行计算性能,是矿机的主流选择之一,2018 年数字加密货币贬值及 11 月比特币现金分叉等因素导致市场看空矿机需求,GPU 龙头企业英伟达股价随之大跌。

FPGA 和 ASIC 芯片的专用程度则较 GPU 更进一步,成为矿机的新选择。FPGA 允许用户通过硬件编程定义逻辑,但这种灵活性是以更高总成本、功耗以及牺牲性能为代价,FPGA 的全球市场规模在 2017 年为 59.6 亿美元,预计到 2023 年达到 98 亿美元,年复合增长率为 8.64%[1],主要供应商为赛灵思、英特尔等。ASIC 出厂后无法修改但特定场景下速度更快,其全球市场规模从 2012 年的 163 亿美元增长到 2017 年 257 亿美元,预计今后五年保持 18.4% 年复合增长,到 2022 年达到 597 亿美元[2],这个市场更为碎片化。

三、首次代币发行

首次代币发行(ICO)使用数字加密货币进行募资。自 2017 年二

---

[1] Mordor Intelligence,2018 年 4 月,见 https://mordorintelligence.com/industry-reports/global-fpga-market-industry。

[2] 比特大陆招股说明书,2018 年 9 月 26 日,见 http://www.hkexnews.hk/app/SEHK/2018/2018092406/SEHKCase Details-2018092406.htm。

季度起 ICO 活动骤增,募资金额从 2016 年的 2.6 亿美元增加到 2018 年前 10 个月的 167.2 亿美元,见图 5-3,单个 ICO 项目的募资中位数也从 2016 年的 100 万美元到 2018 年前 10 个月的 1000 万美元。截至 2018 年 11 月,ICO 项目 EOS 成为史上最大 ICO,募资 42 亿美元;加密即时通信应用 Telegram 紧随其后,ICO 募资 17 亿美元。

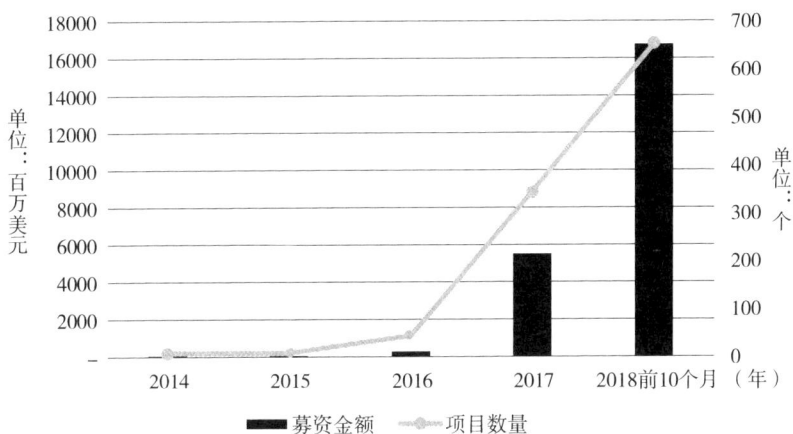

图 5-3 ICO 历年募资金额和项目数量

来源:Coindesk ICO Tracker、中投研究院

ICO 由于未受监管,诈骗仍然防不胜防。有研究表明,2017 年 78% 的 ICO 项目是诈骗,另有 7% 归于失败,只有 15% 最终完成发行募资;从募资金额看则更令人乐观,流入诈骗项目的资金明显更少,54% 募资金额来自成功的 ICO。[①]

---

① Ashton Wolfe,"New Report Suggests 78% of Crypto ICO Projects in 2017 were Scams",2018 年 7 月 14 日,见 https://cryptodisrupt.com/report-suggests-78-crypto-ico-projects-2017-scams/。

四、风险与争论

数字加密货币并非全无风险。第一,数字加密货币由全网的算力和算法背书,超过 50% 的算力集中到单个矿池或者单个实体,抑或算法被破解,这种数字加密货币的信用基础将荡然无存;第二,数字加密货币对用户而言不可篡改,但对于开发者是可修改的,比特币、以太坊的"分叉"就是佐证,无论开发者的修改理由是否正当,这种风险某种程度上不亚于中央银行滥发货币的危害;第三,数字加密货币的安全性和匿名性仅限于其底层的区块链技术,通过交易所和数字钱包进行交易和管理将暴露在传统的黑客攻击和内部欺诈之下,日本比特币交易所 Mt.Gox 失窃事件(2014 年)、Coincheck 交易所失窃事件(2018 年)都轰动一时;第四,部分数字加密货币所谓的发行上限值得商榷,比特币设定的理论上限约 2100 万个,但有开发者提出,当比特币的最小单位 satoshi(即 0.00000001 个比特币)都不够用时,可以增加比特币的精度,造成实质上的通货膨胀或通货紧缩。

数字加密货币从诞生至今一直处于争议中。诺贝尔奖得主、奥地利经济学派代表人物之一的哈耶克在其经济学著作《货币的非国家化》中提出,货币发行和流通应当由市场而非政府来决定,这一观点成为数字加密货币支持者经常援引的经济学基础。支持者认为,数字加密货币克服了政府发行货币的弊端以及国家货币政策诱发的经济危机,能够更高效率地促进资本在全球范围内的流动;反对者则认为,数字加密货币由民间发起,容易扰乱市场秩序,成为"洗钱"等犯罪活动的工具,有人甚至认为数字加密货币就是庞氏骗局。

针对数字加密货币价格波动大的问题,一种解决设想是稳定币(stablecoin)。稳定币可以是用等值法定货币进行抵押(如 Tether、TrueUSD),或用加密数字货币进行超额抵押(如 MakerDAO),也可以是通过所谓的算法由中央银行动态调整数字加密货币的供给(如 Basecoin)。稳定币目前仍备受争议,但也颇受天使投资和风险投资的青睐。

2019 年,Facebook 公司发布 Libra 稳定币白皮书,引发广泛关注和较大争议。

第三节　区块链发展趋势

一、区块链 2.0:智能合约

智能合约(smart contracts)是区块链技术根据应用需要拓展增加了逻辑执行功能的结果,被称为区块链 2.0,其代表为以太坊。从区块的层面看,比特币封装的是交易数据——代表着历史记录,以太坊封装的是智能合约——代表着未来动作(或有权利和或有义务),因此智能合约无疑大大拓展了应用空间。

智能合约的概念最早于 1994 年由计算机科学家尼克·萨博提出,签约后能自动执行合约条款,在很多行业都具有广泛的应用前景,但目前仍处于非常初级的阶段,主要原因就是智能合约的安全性问题,例如,2016 年 The DAO 智能合约众筹项目由于代码漏洞被黑客盗取时值

6000 万美元的以太币,导致当时的以太坊被迫硬分拆为以太坊(ETH)与以太坊经典(ETC)两种区块链。尤为尴尬的是,智能合约上线后代码就不可更改,发现漏洞要么置之不理,要么下线修复后重新部署,这两种处理方式都会损害智能合约的公信力。

尽管还存在这样或那样的不足,智能合约的出现催生了更加丰富的商业和政务应用,并帮助区块链深入到越来越多的垂直行业中。智能合约赋予了区块链网络运行代码逻辑的能力,DApp(分布式应用)应运而生。截至 2018 年 11 月,DApp 数量合计 2259 个,月活跃用户近 21 万人,其应用场景较为有限,总体上看还处于发展早期。DApp 数量和月活跃用户数的用例分布见图 5-4。

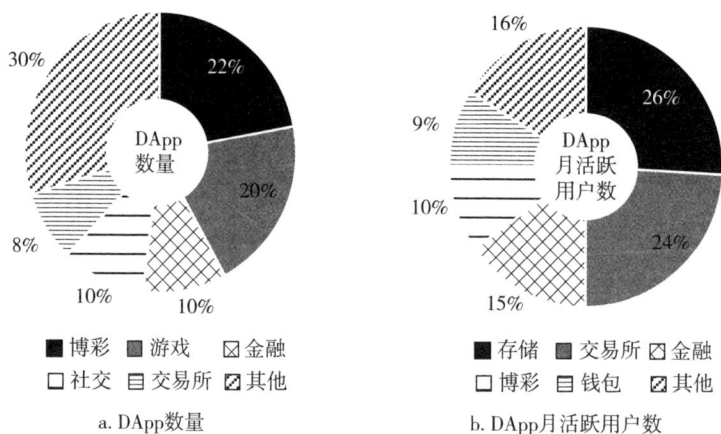

a. DApp数量   b. DApp月活跃用户数

图 5-4 DApp 用例分布图

来源:https://www.stateofthedapps.com;中投研究院

二、区块链 3.0

为了满足多样化需求并解决不同区块链体系分割的问题,侧链、跨链、平行链等技术应运而生,即区块链 3.0。当前,各种区块链形成的网络割据和价值孤岛,在某种程度上相当于互联网出现之前各种局域网互不联通的局面,而区块链 3.0 致力于实现区块链之间的互联互通和拓展兼容,发展潜力不容忽视。

开源的 Interledger 跨链协议旨在实现不同账本(ledger,即区块链)的互联互通,也可以实现各种数字加密货币的自由兑换。该协议的设计目标是不受任何公司、货币或网络的约束,确保中立、安全和互操作性。必须指出,Interledger 协议本身并不是区块链抑或中心式服务,而是一整套协议栈,类似于 TCP/IP 协议在互联网中的作用。

第四节 投资并购分析

2018 年区块链并购交易数量飙升,摩根大通证券公司指出截至 10 月 15 日至少 115 笔,较 2017 年 47 笔、2016 年 16 笔明显增加,另一方面这些交易的金额总体较小,大多不足 1 亿美元。① 部分投资并购交易见表 5-4。

---

① CNBC,"Crypto M&A is on a Tear as Deal-makers See Opportunity in Bitcoin's Price Slump",2018 年 10 月 18 日,见 https://www.cnbc.com/2018/10/18/crypto-deal-makers-see-opportunity-in-bitcoins-price-slump.html。

表 5-4　2018 年区块链投资并购部分案例

时间	案例内容
10 月	新加坡 BK Global 财团以 3.5 亿美元收购韩国最大数字加密货币交易所 BitThumb 约 38% 股份,成为后者的最大股东。
10 月	瑞士证券交易所母公司 SIX 集团收购区块链初创公司 PassOn AG 少数股权。
10 月	数字加密货币交易所 Coinbase 完成 E 轮融资 3 亿美元,投资估值达 80 亿美元,老虎基金领投。
10 月	数字加密货币托管基金公司 BitGo 完成 B 轮融资 5850 万美元,高盛等参投。
9 月	人工智能和区块链公司云歌智能获得 IDG Capital 等机构的 3000 万美元天使轮融资,该公司由快播创始人王欣成立。
9 月	火币集团宣布控股日本 BitTrade 交易所并将其更名为火币日本站。
9 月	数字加密货币交易所 Seed CX 完成 B 轮融资 2500 万元,贝恩资本领投。
8 月	专注于企业市场的智能合约初创公司 Axoni 完成 B 轮融资 3200 万美元,高盛、摩根大通领投。
8 月	金沙江资本以 2.7 亿美元收购区块链公司 tZero 的 18% 股份,并另投 3000 万美元购买 tZero 发行的代币。
8 月	瑞士区块链公司 Dfinity 完成 1.02 亿美元融资。
7 月	全球最大加密货币交易所之一的币安(加拿大籍华人赵长鹏创立)收购了移动以太坊钱包公司 Trust Wallet。
7 月	中国区块链操作系统公司 TRON 以 1.4 亿美元收购 BitTorrent。
6 月	区块链企业杭州趣链科技完成 B 轮融资 15 亿元。
5 月	美国移动股票交易公司 Robinhood 完成 D 轮融资 3.63 亿美元,估值达 56 亿美元,宣称要成为最大的数字加密货币平台。
5 月	美国稳定币公司 Circle Internet Financial Ltd.完成融资 1.1 亿美元,估值近 30 亿美元,比特大陆领投。
5 月	美国数字加密货币交易所 Coinbase 收购了美国以太坊交易所 Paradex。
4 月	去中心化全球贷款网络 Libra Credit 获得超过 1600 万美元融资。
4 月	美国数字加密货币交易所 Coinbase 以超过 1.2 亿美元的资金收购了区块链付费邮件初创企业 Earn.com。
1 月	数字加密货币交易所比特币中国(BTCC)被香港区块链投资基金收购。

来源:中投研究院根据公开资料整理

当前,数字加密货币交易所的投资并购是区块链领域最为活跃的,投资收购方中既有知名孵化器、私募股权投资、风险投资,也有大型投资银行、传统证券交易所,同时一些较大的数字加密货币交易所也在通过兼并扩张地域和业务范围。数字加密货币交易所对整个区块链行业具有基础性的支撑作用,与矿机、矿池、开发社区、投资方、产业应用形成完整的生态闭环,不仅是交易平台,而且对技术积累和资本集聚的虹吸效应将推动区块链在金融和实体经济的应用。长期来看,在缺乏有国际竞争力的数字加密货币交易所的情况下,扶持和发展区块链产业的难度恐怕要大得多。

在强监管和数字加密货币价格下跌的双重压力下,国内区块链公司,尤其是对加密数字货币价格依赖性较强的公司,纷纷谋求转型和上市。2017 年 9 月七部委发文禁止数字加密货币场内交易后,比特币中国、火币、OKCoin 三大中国交易所的命运急转直下,比特币中国于2018 年 1 月被收购,另两家则转战境外。

火币集团董事长李林选择收购香港上市公司桐成控股,或实现借壳上市。桐成控股成立于 1990 年,主要从事电气相关电源及电子产品的制造,业绩差强人意,被认为存在卖壳预期,买卖双方已于2018 年 10 月完成股权交割,只待监管部门同意。此前,火币集团已收购日本拥有合法牌照的 BitTrade 交易所并将其更名为火币日本站。

OKCoin 宣布扩展美国币市服务区域,为美国 21 个州提供数字加密货币间交易服务,在加利福尼亚州还提供美元交易。2018 年 3 月,巨人网络以 2850 万美元转让所持有的 14% OKCoin 股权。目前

OKCoin 的前景仍存不确定性。

另一方面,中国三大矿机公司寻求香港上市未果,转而谋划美国上市或其它融资方案。

第 六 章

无人机

2018 年 8 月,委内瑞拉总统马杜罗在众目睽睽之下遭遇无人机刺杀,引发广泛关注,再次印证了《绝密飞行》(2005 年)和《天空之眼》(2015 年)两部电影对无人机威胁的担忧。

无人机行业对政策监管和舆论高度敏感,军用市场门槛高、大众消费市场容量有限,在监管、技术、市场的种种限制下负重前行,数年来一些无人机公司试图发力农林植保和 2B(对公司业务)、2G(对政府业务)端,开拓一片新天地。长期来看,无人机行业总体上升势不可挡,但短期反复和波折或在所难免。

第一节　无人机概述和发展简史

一、系统组成与分类

根据美国国防部的军用无人机系统路线图（2013—2038 财经年度）①及美国联邦航空管理局的民用无人机系统路线图②，无人机的准确定义是"无人机系统"（unmanned aircraft system，UAS）——由无人机（unmanned aerial vehicle，UAV）平台、控制站（control station）、测控链路（data link）和有效载荷（payload）组成，见图 6-1。例如，一套"捕食者"无人机系统包含一套控制站、四架无人机及相应的有效载荷和测控链路，可以同时控制多架无人机。

（一）无人机平台

仅按字面理解，无人机是指无人驾驶的航空器，为了避免与靶机（至今媒体还常用 drone 指代无人机）、导弹相混淆，往往还要加上"可重复使用""自给动力"等限制。无人机系统主要是按照无人机平台进行分类，典型分类如下：

按用途，分为军用、民用无人机（著名厂商见图 6-2、图 6-3），

---

① 美国国防部（DoD）：*Unmanned Systems Integrated Roadmap*：*FY* 2013-2038。

② 美国联邦航空管理局（FAA）：*Integration of Civil Unmanned Aircraft Systems* (*UAS*) *in the National Airspace System* (*NAS*) *Roadmap*。

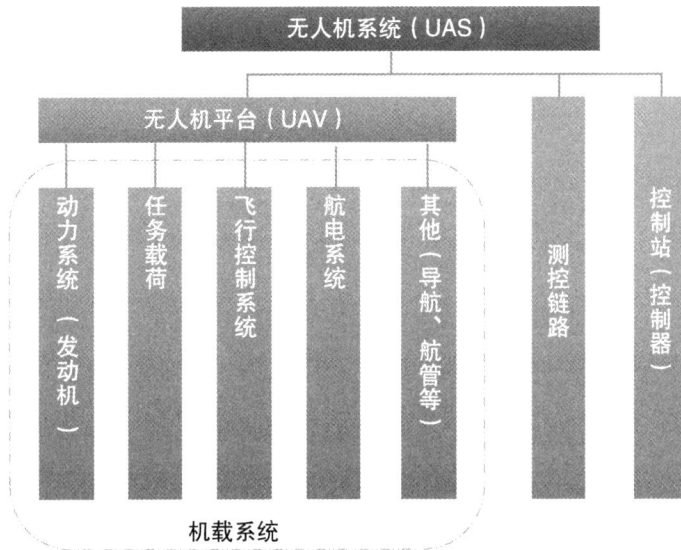

图 6-1　无人机系统组成

来源：中投研究院

其中军用无人机分为战略侦察型（如美国"全球鹰"）、攻击型（如我国"彩虹"3）、空战型等，民用无人机又分为商业级（用于农业播洒、影视拍摄、电力巡线、物流运输等）、消费级（个人和家庭娱乐等）。

图 6-2　知名的军用无人机厂商

来源：中投研究院

按气动构型，分为固定翼、旋翼、其他特殊构型（如涵道风扇、仿生扑翼）无人机，其中旋翼无人机可分为无人直升机（如奥地利 Schiebel

图 6-3　知名的民用无人机厂商及参与者

来源:中投研究院

公司 S-100)和多旋翼直升机(如大疆 Phantom)。

按续航能力,分为长航时无人机(续航不低于 12 小时[1],飞行半径不小于 1000 公里)、中短程无人机(续航 6—12 小时,飞行半径 150—1000 公里)、近程无人机(续航小于 6 小时,飞行半径 150 公里以内)。

按重量[2],分为大型(空机重量大于 5700 公斤)、小型(大于 116 公斤且不大于 5700 公斤)、轻型(大于 7 公斤且不大于 116 公斤)、微型(不大于 7 公斤)无人机。

(二) 发动机

发动机是航空器的“心脏”,对无人机而言也不例外。一般而言,活塞发动机多用于小型无人机,涡轴发动机用于无人直升机,涡喷、涡扇、涡桨发动机多用于中高端无人机,如图 6-4 所示。

---

[1]　严格地讲,多数观点认为续航时间不少于 24 小时(1 昼夜)的固定翼无人机(如以色列“竞技神”、美国“全球鹰”),或续航不少于 12 小时的无人直升机(如美国 A-160“蜂鸟”),才能称为长航时无人机。

[2]　按重量(或尺寸)有不同的分类方法,这里引用的是中国民用航空局 2013 年发布的《民用无人驾驶航空器系统驾驶员管理暂行规定》。

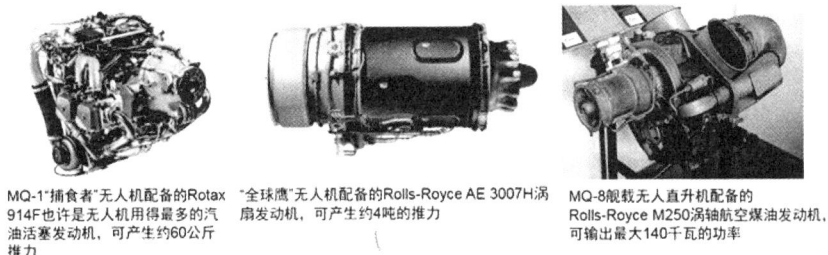

MQ-1"捕食者"无人机配备的Rotax 914F也许是无人机用得最多的汽油活塞发动机，可产生约60公斤推力

"全球鹰"无人机配备的Rolls-Royce AE 3007H涡扇发动机，可产生约4吨的推力

MQ-8舰载无人直升机配备的Rolls-Royce M250涡轴航空煤油发动机，可输出最大140千瓦的功率

图6-4　典型的无人机发动机

来源：中投研究院

（三）有效载荷

无人机搭载的任务设备，常常可以拆卸更换。典型载荷见图5-5。

军用无人机的有效载荷一般包括可见光/红外、雷达等传感器，电子侦察、通信中继设备，以及导弹、精确制导弹药等。

民用无人机的有效载荷以光电/红外摄像头为主，也可以根据实际需要加装大气水文测绘仪器、农药喷洒器等。

美军MQ-9无人机挂载的"地狱火"对地导弹

大疆Phantom 4 Pro无人机搭载的摄像头

奥地利S-100无人直升机搭载的PicoSAR雷达

图6-5　典型的无人机任务载荷

来源：中投研究院

（四）控制站

控制站用于对飞行器进行飞行控制、航路规划、信息处理等,分为个人手持式、地面车载式、航空机载式、水面舰(船)载式。

军用无人机的控制站复杂多样,既可以小到单兵背负,也可以由数十辆位于本地或异地(跨洋)的大中型地面方舱联合组成。

民用无人机的控制站相对简单,尤其是消费级无人机的控制站实际上主要是控制手柄甚至是安装了配套软件的平板电脑、智能手机,与航空模型类似。

（五）测控链路

由遥测链路和遥控链路组成,其中上行遥控链路发送控制指令,下行遥测链路获取无人机飞行参数和传感数据。按作用距离,分为视距链路(无人机与控制站之间的距离在无线电"可视"距离内)和超视距链路(通过卫星或航空器中继)。

军用无人机主要采用 UHF(0.3GHz—3GHz)、C(4GHz—8GHz)、Ku(12GHz—18GHz)和 Ka(26.5GHz—40GHz)等频段。

民用无人机一般为视距链路,采用 UHF 及 C 频段(主要频点为 2.4GHz、5.8GHz 及 433MHz、900MHz)。

二、发展简史

综合无人机的技术、规模、应用和法规等发展情况和标志性事件,将无人机发展历程划分为四个阶段,如图 6-6 所示。

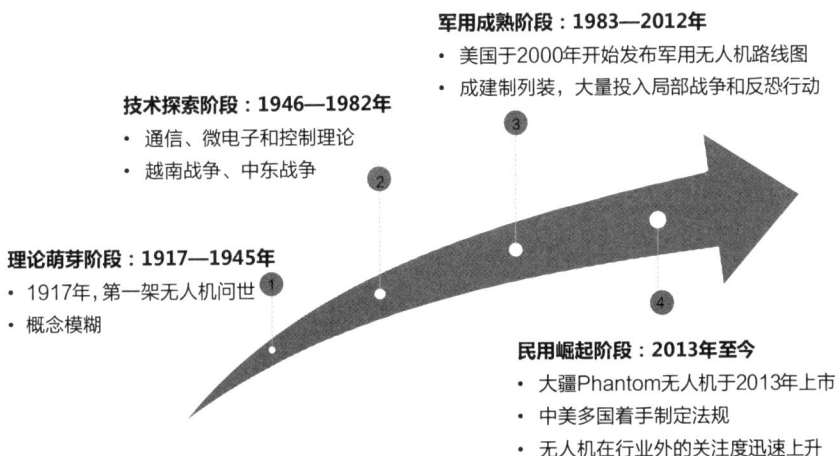

军用成熟阶段:1983—2012年
- 美国于2000年开始发布军用无人机路线图
- 成建制列装,大量投入局部战争和反恐行动

技术探索阶段:1946—1982年
- 通信、微电子和控制理论
- 越南战争、中东战争

理论萌芽阶段:1917—1945年
- 1917年,第一架无人机问世
- 概念模糊

民用崛起阶段:2013年至今
- 大疆Phantom无人机于2013年上市
- 中美多国着手制定法规
- 无人机在行业外的关注度迅速上升

图 6-6　无人机发展阶段

来源:中投研究院

(一) 理论萌芽阶段:1917—1945 年

特征:无人机的概念与靶机①、导弹混淆,实用价值有限。

划分依据:1917 年,第一架无人机问世。

(二) 技术探索阶段:1946—1982 年

特征:无人机的技术基础得以夯实,军事需求趋于明确。

划分依据:一是第二次世界大战后无线通信、微电子技术和控制理

---

①　靶机即空中靶标,在军事训练或演习中被用作其他武器的攻击目标。靶机虽然是无人驾驶的飞机,但在军事应用中按消耗性"器材"管理,无人机按可重复使用的"装备"管理,二者不应混淆。

论快速发展,使遥控乃至自主飞行成为可能;二是无人机在越南战争[①]首次批量投入使用,尤其是在 1982 年中东战争[②]中表现出色,引起各国军方重视。

(三) 军用成熟阶段:1983—2012 年

特征:无人机越来越多地投入局部战争和反恐行动中,多个国家开始系统研究无人机技术和应用。

划分依据:一是美国国防部于 2000 年开始发布军用无人机系统路线图[③],首次确立了系统、全面的军用无人机技术谱系和发展路径;二是在海湾战争(1991 年)、波黑战争(1992—1995 年)、科索沃战争(1999 年)、阿富汗战争(2001—2014 年)、伊拉克战争(2003 年)及反恐行动中,投入的无人机在类型和数量上都不断扩大,如图 6-7 所示。

(四) 民用崛起阶段:2013 年至今

特征:国内外多家民用无人机公司崛起,无人机概念引起社会舆论和资本关注。

划分依据:一是大疆 Phantom 无人机 2013 年上市并在全球获得巨

---

① 越南战争期间,美军出动了三千多架次的无人机,所获取的侦察照片占美军全部空中侦察照片的 80%。

② 第五次中东战争的贝卡谷地战役(1982 年)中,以色列首先以"猛犬"无人机诱骗叙利亚使用防空系统,继而以"侦察兵"无人机获取叙防空阵地位置和信号特征,配合有人机一举摧毁了叙利亚的 19 个苏制萨姆防空导弹旅,随后击落叙空军 82 架飞机,而以方飞机损失为零。

③ 2000 年发布第一版路线图(2000—2025),此后平均 2—3 年滚动更新一次,时间跨度均为未来 25 年。

图 6-7　常见无人机外形和相对大小

来源：Uber Geek，"Drone Survival Guide Helps You Indentify Most Drones in the World Today"，2013
年，见 https://wonderfulengineering.com/drone-survival-guide-helps-you-indentify-most-
drones-in-the-world-today/。

大成功；二是美国联邦航空管理局 2013 年首次发布民用无人机系统路
线图，中国政府部门也开始发布相关法规。

第二节　海外无人机市场分析

一、全球无人机市场概况

目前，无人机军用需求旺盛，民用市场规模上升势头良好。据 BI

Intelligence 等机构预测,全球无人机市场规模 2014 年约 64 亿美元(其中军用市场占 89%、民用市场占 11%),将从 2016 年的 85 亿美元增加到 2021 年超过 120 亿美元,年均复合增长率 7.6%,如图 6-8 所示。从市场构成看,军用无人机仍将在未来较长一段时间内占据主要市场份额,而民用无人机的销量将保持快速增长,其中消费级无人机以 31.3% 的年增速在 2021 年达到 2900 万架的销量、商业无人机以 51% 的年增速在 2021 年达到 80.5 万架的销量。

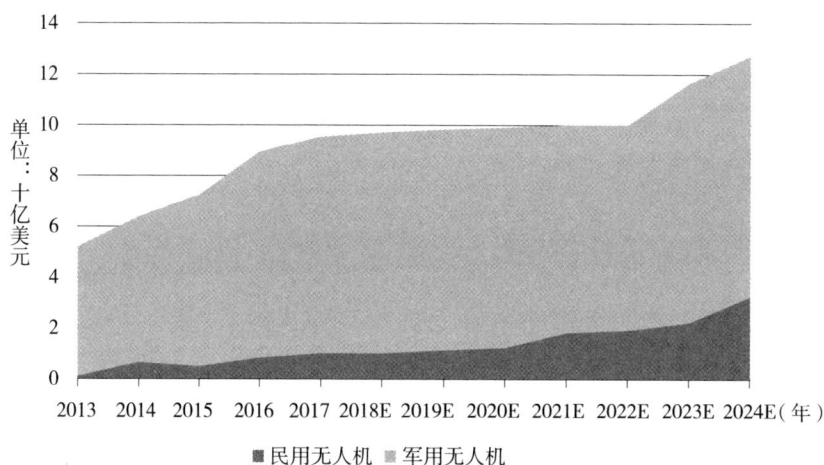

图 6-8 全球无人机市场

来源:Teal Group、BI Intelligence

军用无人机领域,美国、以色列保持领先,建立了较为全面的型号谱系并积累了丰富的实战经验。军用无人机从数十厘米大小的单兵便携式到几十米翼展的战略侦察型,具备多样化任务能力,目前主要以固定翼无人机为主、无人直升机为辅。美国波音、诺斯罗普·格鲁曼、法国达索航空、以色列航空工业公司等厂商技术优势明显,致力于满足巨大的军用需求,暂未过多进入体量相对较小的民用市场。

民用无人机领域,消费级市场在过去几年中经历了高速增长,商业级市场还在培育阶段。美国商用无人机主要用于房地产/航空摄像(48%)、工业勘测(28%)、农业(17%)等,如图6-9所示。以美国3D Robotics公司①等为代表的消费级无人机公司获得资本青睐,努力在中高端市场与中国大疆竞争。以美国知名运动相机厂商GoPro公司为代表的企业也开始尝试无人机业务,寻找新的盈利点。谷歌、亚马逊等互联网巨头正在研究把无人机用于物流,脸书曾提出了用上千架无人机为全球偏远地区提供互联网接入服务的计划②。高通公司为无人机推出Snapdragon Flight平台解决方案,旨在降低无人机研发难度,复制智能手机产业标准化、模块化的成功模式。

二、经验借鉴

全球范围内,美国在军用无人机市场和尖端技术上保持领先,中国大疆在消费级无人机市场上成为龙头,而商业级无人机市场暂处于培育阶段,值得总结的经验做法如下:

一是美国于2000年、2013年先后发布军用、民用无人机系统路线

---

① 3D Robotics公司是北美地区最大的消费级无人机厂商,成立于2009年,已完成C轮5000万美元融资。

② 该计划是继摩托罗拉"铱星"计划失败之后再次提出的全球移动通信网络解决方案,一旦成功可实现全球任何地点、任何时候的通信,其影响将是划时代的。关于"铱星"计划,最初构想是利用77颗低轨卫星组成覆盖全球的通信网,因卫星数量与元素周期表上铱元素的原子序数相同,起名为"铱星"计划,于1987年公布,但未获成功,目前仅供特定用户使用。

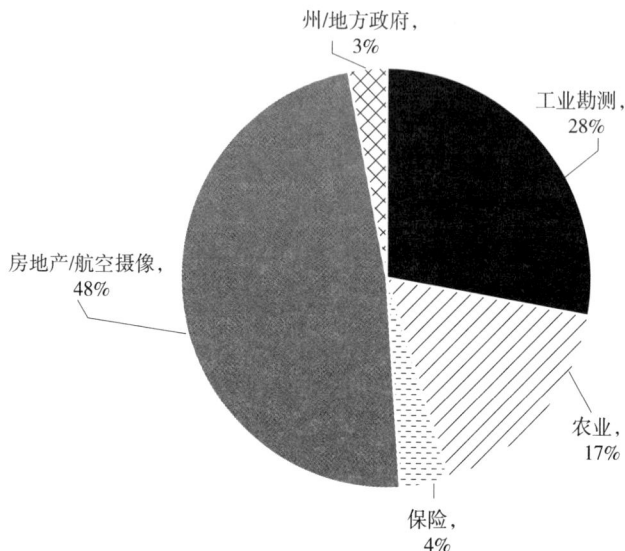

图 6-9　美国商用无人机主要应用

来源:美国联邦航空管理局、中投研究院

图,促进了行业良性发展。我国无人机行业尤其是民用领域还缺少系统全面的顶层规划,相关部门工作协调机制没有常态化,不利于可持续发展。

二是让市场决定资源配置,监管在行业发展初期适当宽松。美国将无人机纳入国家空域系统的计划一再推迟,我国直到 2013 年后才出台《关于无人驾驶航空器系统频率使用事宜的通知》《民用无人驾驶航空器系统驾驶员管理暂行规定》等部门规章,虽出于审慎,但客观上对市场干涉较少,尤其为小型消费级无人机市场繁荣创造了条件。

第三节　国内现状和发展趋势

一、国内市场现状

民用无人机行业发展迅猛,在个人消费娱乐、农林植保、环境监测、抢险救灾、航拍测绘、物流运输等领域得到广泛应用,2016 年产值达到 150 亿元[1]。2017 年底,工信部出台《关于促进和规范民用无人机制造业发展的指导意见》,提出到 2020 年民用无人机行业产值达到 600 亿元、年均增速 40% 以上,到 2025 年产值达到 1800 亿元、年均增速 25% 以上的发展目标。

无人机初创企业如雨后春笋,最具代表性的是大疆。大疆成立于 2006 年,目前占全球民用小型无人机约 70% 的市场份额,代表产品为 Phantom 系列和 Inspire 系列无人机,估值达百亿元人民币;成立稍晚的极飞[2]、亿航[3]也分别完成数轮融资。大漠大则另辟蹊径,专注于无人机飞行控制系统及集群编队技术研发应用,为珠海长隆表演、广州雪花秀新品发布会、浏阳烟花节等提供无人机编队表演。

互联网巨头同样在尝试开拓民用无人机市场,2018 年 6 月拜耳、

---

[1] 工业和信息化部:《〈关于促进和规范民用无人机制造业发展的指导意见〉政策解读》,2017 年。

[2] 广州极飞科技有限公司成立于 2007 年,已完成 A 轮 2000 万美元融资,以及 B 轮融资。

[3] 广州亿航智能技术有限公司成立于 2014 年,已完成 A 轮 1000 万美元融资。

极飞和阿里巴巴农村淘宝宣布启动"未来农场计划"新概念农业示范基地项目。京东于 2017 年 8 月获得国内第一张覆盖陕西全省范围的无人机空域批文,为其无人机配送乃至通航物流网络迈出坚实一步。

军用无人机领域,国内航空、航天、电子等军工集团技术实力雄厚,在国内军用无人机市场占有决定性份额,并向国外出口。受益于"军民融合"政策,民营企业也开始进入军用无人机领域。中国军用无人机需求总额将以 15% 的复合增长率由 2013 年 5.7 亿美元增至 2022 年 20 亿美元[1]。当前中美军用无人机谱系对比见图 6-10。

国内涉及无人机概念的上市公司多达一二十家,一是长期把无人机作为主营业务或方向之一的"长跑选手"[2],其优势在于技术和产业集群;二是谋求转型或寻找新增长点的"后来者"[3],其优势在于资本;三是代理人[4]。此外,有稳定军品收入的上市公司生存能力更强,可更好规避"黑天鹅"事件造成的政策紧缩风险。

无人机保险产品初露头角。国内的众安保险、平安产险、正隆(北京)保险分别推出多轴飞行器责任保险、小型无人机责任保险、遥控模型无人机保险,主要承保相应无人机对第三者人员及财物造成的伤害或损失,类似于机动车辆保险的第三者责任险。

---

① 广发证券:《军用无人机,发展迅速,重塑现代作战模式》,2018 年。

② 主要是航空航天领域国有企业,如贵航股份、洪都航空、中航电子等。

③ 主要通过与院校和研究所技术合作(迪马股份与中航工业成都飞机设计所合作、通裕重工与中国电科 27 所合作)、参股(宗申动力参股大股东为航天十一院的神舟飞行器公司、雷柏科技增资零度智控)或收购(威海广泰收购全华时代)等方式迈入无人机行业大门。

④ 例如,德奥通航获得奥地利无人直升机公司 Schiebel 的中国区独家总代理销售授权。

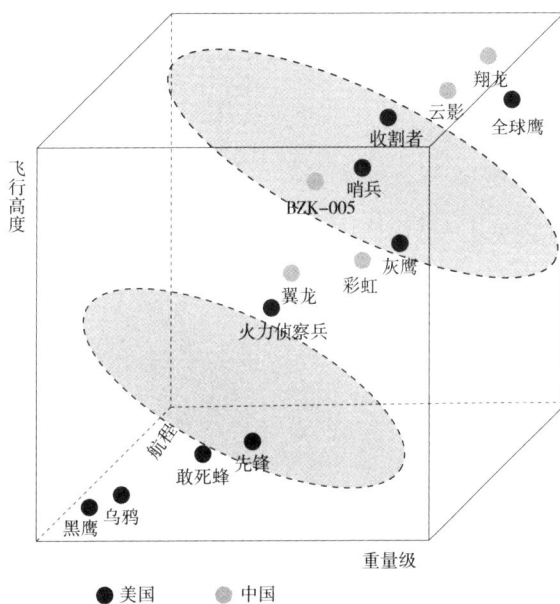

图 6-10 中美军用无人机谱系对比

来源:广发证券

总体上讲,军用无人机增长预期稳定,工业级无人机发展潜力巨大,而消费级无人机由于技术门槛低,竞争日趋激烈,产品同质化倾向明显,其市场正在从"蓝海"逐渐转变为"红海"。

二、发展趋势

未来一二十年内,预计无人机行业将继续保持高速增长(有分析认为未来 10 年市场规模将翻番),其中军用无人机市场规模继续占优,民用无人机市场显著扩大。世界上主要国家和地区基本完成无人机法律法规的制定,初步将无人机纳入现有空域系统中。

军用领域,无人机将根据亚太地区、中东地区等热点区域政治军事平衡和反恐形势的需要,总体上规模数量不断扩大,技术水平不断提升。成本控制和性价比将得到更多关注,数据密集的多传感器/多任务技术不断进化,昆虫尺寸的微型无人机等创新有望取得重要突破,反无人机市场也将稳步扩大。

民用领域,无人机有望与"工业 4.0""互联网+"等进一步融合发展,预计在农林业①、警用安保等方面快速增长,在物流、地理测绘、互联网接入等方面有望实现突破,在影视拍摄、灾后勘测等方面的优势得以巩固,并在个人消费市场保持稳健增长。抗风飞行②、自动避障③、集群协同功能④等技术的进步有望为民用无人机带来更广阔的应用场景。

三、行业风险分析

政策风险是民用无人机行业发展的首要风险,尤其要警惕"黑天

---

① 民用无人机可监测农田、果园、林场,随时掌握土壤、水分和作物长势情况,还可以直接用于空中施肥、喷洒农药。这样的无人机只要能覆盖一定范围即可,对于升限、速度、续航时间等性能要求较低,因此采购和维护成本低,预计数量需求很大(有观点认为将占据 80%的民用无人机市场份额)。另一方面,农用无人机一般不涉及公共空域的飞行安全和公众隐私问题,使用管理上更为方便。

② 民用无人机多为小型机,尺寸小、重量轻,容易因较大的风速或楼宇间多变的气流失稳并坠毁。

③ 无人机低空作业时,必须规避电线、树木、起伏的地形等,这对其机器视觉、可靠性都提出了更高要求。

④ 无人机与无人机、有人机之间通信协同,实现互联、互通、互操作,形成一体化的空中集群,是无人机未来应用的"杀手锏",具有极大的商业和军事价值。

鹅"事件导致的政策紧缩风险。民用无人机一般为"低、慢、小"目标，传统航管手段难以发现。近来在伦敦、北京、华盛顿等多地发生无人机"黑飞"事件，危及民航、军机乃至国家安全，引发对无人机飞行安全的拷问，亟须参照有人机建立覆盖适航性要求、频率使用规定、驾驶员管理办法等各方面的一整套政策法规。一方面，若发生无人机窥探隐私、误撞民航乃至恐怖袭击等"黑天鹅"事件，很可能改变相对宽松①的监管氛围，导致政策紧缩，影响甚至迟滞民用无人机行业发展；另一方面，国际民航组织只做框架性约束，不同国家和地区的法律法规可能存在差异，应注意这种差异性对存货和生产线带来的风险。相关典型新闻事件辑录见图6-11。目前，北京、成都、厦门、昆明、广东多地已发布无人机"禁（限）飞令"。

技术风险是军用无人机行业发展的主要风险。军用无人机技术历经多年发展已日臻成熟，但仍须进一步提高自主控制水平、智能化程度、与有人机的作战协同能力等。由于这些技术难度大、前期投入高，一旦攻关失败、延期或严重超支，导致承包商现金流断裂，即便行业巨头也有破产之虞。为减少技术风险，军方多会在型号研制之前安排探索性和预先研究，视情况提供额外的经费支持，但系统集成和试飞阶段的高风险仍然是大型航空装备设计制造无法避免的固有特点。此外，利用无人机执行定点清除任务所引发的道德风险也不容忽视，2016年上映的《天空之眼》（Eye in the Sky）折射出对滥用无人机的担忧。

市场风险是民用无人机行业发展的重要风险。军用无人机进入门

---

① 中国民用航空局规定7千克以下无人机视距内飞行无须证照管理，而美国联邦航空管理局从2015年12月开始要求250克以上无人机必须注册。

图 6-11　无人机"黑飞"易酿成"黑天鹅"事件

来源:中投研究院

槛高、市场需求稳定,营利空间较大,又有税收减免等政策红利,某些情况下原材料、人工成本等不确定性还可通过设有成本补偿甚至激励费用条款的浮动价格合同吸收,因此市场风险对军用无人机行业的影响相对较小。对于民用无人机,根据产业周期理论,大体处于从高风险低收益的初创期向高风险高收益的成长期过渡的阶段。庞大的需求前景吸引了资本的高度关注,国内多家上市公司开始涉足无人机,动机却各不相同,有的因为主营业务萎靡而被迫寻找新的投资方向,有的试图运作资本获得超额风险收益,但持续性难以预测。

第四节　并购案例分析

中航国际于 2013 年收购了德国 Thielert 航空发动机公司,并将收购的资产注入由中航国际全资控股的德国天发公司（Technify Motors），而后者纳入中航国际于 2011 年收购的美国大陆发动机公司一体化运营。截至 2017 年 4 月，德国天发公司生产的第 5000 台发动机交付，累计配装超过 2750 架航空器并飞行超过 525 万小时。

德国 Thielert 公司成立于 1989 年，拥有全球领先的航空煤油活塞发动机技术和产品，美国 MQ-1C "灰鹰" 无人机就采用其生产的 Centurion 1.7 重油活塞发动机，土耳其的 TAI Anka 无人机则配装其生产的 Centurion 2.0 发动机。2008 年该公司宣布失去偿付能力并被接管，被中航国际收购不啻重获新生。

中航国际在收购美国大陆发动机公司和德国 Thielert 航空发动机公司后，同时拥有了航空汽油发动机和航空煤油发动机两条业务线，对开拓包括无人机在内的通用航空市场起到了重要作用。

大疆于 2017 年收购瑞典相机公司哈苏也值得一提。大疆作为全球第一的消费无人机公司，正在尝试进入农林植保、航拍勘测等领域，早在 2015 年即持有哈苏少数股权。哈苏靠航拍起家，1969 年 7 月拍摄了人类首次登月的照片，名声大噪。与徕卡主打全画幅相机不同，哈苏的主打产品是更大的中画幅相机，在摄影界是高端、专业的代名词。中画幅相机市场规模有限，哈苏近年来表现不佳。陷入困境的哈苏与锐意开拓的大疆联手之后，或有助于双方拓展航拍市场。

第 七 章

人工智能[①]

人工智能是近十年最炙手可热的高科技领域之一,甚至被视为继蒸汽革命、电力革命、互联网革命之后的第四次工业革命。中国也把人工智能作为《中国制造 2025》的重点发展方向,受到美国的重点关切。可以预期,人工智能将成为后移动互联网时代的兵家必争之地。

第一节　人工智能技术方兴未艾

人工智能技术方兴未艾,阿尔法狗(AlphaGo)战胜人类围棋冠军,

_____

① 本章特邀长江证券传媒互联网研究团队(王傲野、聂宇霄)主笔。

演唱会人脸识别抓逃犯,特斯拉、谷歌和百度在实验道路上完成自动驾驶,苹果 Siri 和微软小冰不知疲倦地陪你聊天,人工智能的新闻和案例一次次刷新着人们的认知。大数据、人工智能、机器学习、深度学习,这些技术名词成为大小媒体和风险投资商业计划书里的高频词汇。Mobileye、商汤科技、旷视科技、寒武纪科技,国内外一批人工智能公司飞速成长为独角兽企业。

毫无疑问,日新月异的人工智能科技正在改变我们的生活。从历史上来看,尽管这不是人工智能技术第一次成为高频流行词汇,但就这轮新技术本身的周期来说,技术和商业层面还远远谈不上到了一个完全成熟的阶段。

但与前两次无疾而终的人工智能浪潮(后面的章节我们会简要回顾人工智能几波兴衰的历史)不同的是,由于海量数据的爆发和硬件算力的提升,本次人工智能浪潮很大概率上会走向商业意义上的成熟。我们可以预见,正如其他成功的新兴技术一样,成熟的人工智能产业将具有更强大和更清晰的供应商生态系统,人们从海量"非结构化数据"中分析和提取数据洞察的能力也将有飞跃式的发展,甚至最终将像电力、计算机、无线通信、互联网一样,人工智能将成为人们生产和生活中必不可少的基础设施。

在人工智能产业走向成熟的过程中,将会产生大量投资机会。本章试图从人工智能的市场需求、技术特点、不同应用场景的商业逻辑上分析人工智能的投资机会,尤其是跨境投资机会。

第二节　人工智能的市场规模和政策红利

一、全球市场空间巨大

从需求端看,对人工智能技术的需求,最根本的原因是平均寿命的增长和生育率的下降带来了人口的老龄化以及未来劳动力的短缺。根据世界银行 2016 年的预测数据,到 2030 年,全球的健康劳动力将面临 1500 万的缺口。[①] 而到了 2040 年,中国的劳动力更是将减少 9000 万,中国作为世界工厂和世界市场,面临产业升级、消费升级,劳动力不足将大大延缓中国发展的进程。无论是全球还是中国,人工智能技术无疑将会极大缓解劳动力不足带来的问题。

从供给端看,近年来,人工智能理论和技术上在三个方面取得决定性的进展:一是深度学习、神经网络理论的发展;二是计算机硬件性能的提升使得人工智能运算的响应速度大幅提升;三是互联网尤其是移动互联网的蓬勃发展使得海量的标注数据更易获得。这三方面发展的合力使人工智能跨越了工业红线,使得利用人工智能解决各行各业实际问题在落地成本、响应速度方面具有现实意义。

供需两端的结合,预示着人工智能市场正处于爆发的前夜。但落

[①]　Jenny X Liu et al.,"Global Health Workforce Labor Market Projections for 2030", 2016 年 8 月,见 http://documents. worldbank. org/curatedlen/5461614708340 83341/pdf/WPS7790.pdf.

实到数字层面，"人工智能"这个术语定义的模糊性则给预测市场规模带来了一定的难度。不同语境下，人工智能的范畴可大可小。为了避免单一数据源可能导致的过于武断的结论，我们搜寻了几家有代表性的、对人工智能市场具有洞察力的研究机构，汇总了它们对全球人工智能市场规模的预测数字。

Forrester Research 把人工智能定义为"认知计算技术"（Cognitive computing technologies），预测 2020 年将会达到 1.2 万亿美元；①埃森哲把人工智能定义为"感知，理解，行动和学习的 IT 系统"（IT systems that sense，comprehend，act and learn），并预测到 2035 年，仅美国的市场规模就会达到 8.3 万亿美元，英国将达到 8140 亿美元，日本 2.1 万亿美元，德国 1.1 万亿美元②。

它们采取不同的标准定义"人工智能"，预测的时点、维度和方法论也有所差异，结果自然也不尽相同，但汇总起来可以看到各家机构对人工智能市场将在未来爆发的判断高度一致。

二、中国市场政策红利

中国错过了前两次工业革命，在互联网革命中追上世界先进的步伐，诞生了 BAT 等一批巨头企业，大大助力了 21 世纪前 20 年经济的发展。

---

① 　Forrester Research，"Predictions 2017：Artificial Intelligence will Drive the Insights Revolution"，2017.

② 　埃森哲："The Promise of Artificial Intelligence：Redefining Management in the Workforce of the Future"，2016 年。

如今第四次人工智能革命如箭在弦,中国自然不想错过这次历史机遇,立志成为技术革命的领头羊,大大提升国家的科技实力和国际地位,服务国民经济下一步的发展,解决产业升级、消费升级、人口老龄化等问题。

中国出台了一系列的扶持政策,《中国制造 2025》、"十三五"规划、《促进新一代人工智能产业发展三年行动计划(2018—2020 年)》,都明确了人工智能产业在新经济中的重要地位,进行了重点布局,如表7-1 所示。

表 7-1　国家对人工智能产业的扶持政策

时间	出台单位	文件名称	相关内容
2015 年 5 月	国务院	《中国制造 2025》	"加快发展智能制造装备和产品",将"智能制造"定位为中国制造的未来主攻方向:统筹布局和推动智能交通工具、智能工程机械、服务机器人、智能家电、智能照明电器、可穿戴设备等产品研发和产业化。
2016 年 3 月	国务院	《国民经济和社会发展第十三个五年规划纲要》	"人工智能"概念正式写入"十三五"规划纲要:布局未来网络架构、技术体系和安全保障体系。重点突破大数据和云计算关键技术、自主可控操作系统、高端工业和大型管理软件、新兴领域人工智能技术。
2017 年 7 月	国务院	《新一代人工智能发展规划》	到 2020 年人工智能总体技术和应用与世界先进水平同步,人工智能产业成为新的重要经济增长点;到 2025 年人工智能基础理论实现重大突破,部分技术与应用达到世界领先水平;到 2030 年人工智能理论、技术与应用总体达到世界领先水平,成为世界主要人工智能创新中心。

续表

时间	出台单位	文件名称	相关内容
2017年11月	科学技术部	新一代人工智能发展规划暨重大科技项目启动会	宣布了建设四个开发创新平台。自动驾驶国家新一代人工智能开发创新平台依托百度;城市大脑国家新一代人工智能开发创新平台依托阿里云,医疗影像国家新一代人工智能开发创新平台依托腾讯公司;智能语音国家新一代人工智能开发创新平台依托科大讯飞公司。
2017年12月	工业和信息化部	《促进新一代人工智能产业发展三年行动计划(2018—2020年)》	计划旨在加快发展先进制造业,推动人工智能和实体经济深度融合。提出,力争到2020年,实现"人工智能重点产品规模化发展、人工智能整体核心基础能力显著增强、智能制造深化发展、人工智能产业支撑体系基本建立"。

来源:中投研究院根据公开资料整理

第三节 人工智能技术简介

一、人工智能发展史

人工智能即 AI(artificial intelligence),这个名词诞生于六十多年前的 20 世纪 50 年代,距今并不太遥远。1950 年,英国数学家图灵发表论文提出了"图灵测试",为人工智能的诞生奠定了基础,1956 年的达特茅斯会议上正式确定了人工智能(AI)这一术语:泛指研究、开发用于模拟、延伸、和扩展人的智能的理论、方法、技术及应用系统的科学。自从诞生以来,人工智能的内涵和外延随着人类科技的发展和认知水平的提升经历了一系列的变化。粗略地说,历史上人工智能经历了三次发展浪潮。

1. 第一次浪潮(1956—1976 年):这波浪潮的理论基础是"逻辑理论":试图通过模拟人类的逻辑思维预设一套知识库来解决问题,类似于数学的"演绎法",并以此理论为基础发明了专家系统(expert system)。这一时期的专家系统可以做到:在国际跳棋比赛中战胜人类选手、证明数学定理、解决一些医疗问题等。

这一波人工智能经过 20 年发展之后遇到了瓶颈,人们发现无论预设多少经验和知识,在运行时还是会遇到不可预知的问题,从而使所谓的"专家系统"陷入困境。人们回首这 20 年的发展,发现"人工智能研究没有带来任何重要影响"。

2. 第二次浪潮(1976—2006 年):短暂的沉寂后,人工智能在 20 世纪 80 年代开始了第二波发展浪潮。这一次在理论层面获得了实质进展。神经网络(neural network)、机器学习(machine learning)成为关键词:计算机从打了标签的训练数据集中训练(training)并提取规则,用于在训练集外的数据中推断(inference)结果,训练集越大,推断结果越准确,这种方法类似于数学的"归纳法"。这一时期人工智能可以做到:语音识别、手写识别、击败国际象棋人类冠军等。

神经网络可以解决单一问题,但在解决复杂问题时存在缺陷,经常只能找到局部最优结果;训练时间过长又会出现过拟合,训练好的网络在用于测试数据推断时结果的准确性不令人满意。

3. 第三次浪潮（2006 年至今）：伴随着深度学习（deep learning）理论及大数据技术的发展，人工智能迎来了最新一波的快速发展浪潮。本轮 AI 浪潮可以看作第二次浪潮的升级，在方法论上并没有本质区别，技术层面最显著的特点则是"深度学习+大数据"。

在世界知名图像识别比赛 ImageNet 的 2012 年度大赛上，第一个采用深度学习的应用 AlexNet 获得了巨大的成功，显示了深度学习的巨大潜力。

之后深度学习不断在计算机视觉、语音识别、自然语言处理方面获得重大突破，被应用到交通、金融、医疗、零售、教育、农业、物流、制造等各个行业。在最新的 ImageNet 比赛中，人工智能的识别准确率甚至已经超过了人类。2016 年 3 月，阿尔法狗（AlphaGo）战胜了韩国围棋九段棋手李世石更是震惊了全世界。这一波人工智能浪潮在技术和商业层面都获得了一定的成功。

从各方面看，人工智能发展到今天，在技术突破和应用机会不断拓展的双重推动下，来到了大规模应用的临界点。几大趋势表明，人工智能将给各行各业带来颠覆性的变革：

（1）主要芯片制造商及高科技巨头大笔投资人工智能硬件设备及解决方案；

（2）开源平台和社区蓬勃发展，极大推动深度学习技术的进步；

（3）由机器、人工生成，非结构化数据呈现爆发性增长；

（4）高科技企业及风险投资都在追捧人工智能初创公司，助推其应用于各行各业及各个领域。

二、厘清人工智能领域的概念

当前人工智能大行其道,各种概念穿插交织在一起,"人工智能是个筐,什么都往里装",我们有必要厘清不同概念的关系和区别。

1. 弱人工智能与强人工智能

弱人工智能只在特定领域内对明确定义的问题找到一些较优的结果,比如下围棋、图像识别、自动驾驶等。它不会定义问题,只能针对特定问题根据归纳或者演绎出来的规则去解决问题,不可能输出预料之外的结果。下围棋的人工智能能做的事情无非是在围棋盘上下赢或下输对手;汽车自动驾驶的人工智能只能控制汽车行进,目的是操控汽车正常驾驶,当然也存在操控失败、发生事故的可能性,但绝对不会做除了驾驶之外的事情。换言之,弱人工智能的输出结果是在一定范围内可控的,它不能自主思考,也不会有情感,做出预料之外的行动。

强人工智能,也叫通用人工智能,最大的特点是可以自己定义问题,且问题不局限于某一个或几个领域,能够认知、思考、计划、自我更新,甚至某种意义上可能存在情感,这也就决定了它输出结果的不可预知性和不可控性。这更接近于我们在科幻影视、书籍作品中看到的人工智能形象,包括霍金在内的一些科学家都对它对人类的影响心存疑虑,普通大众对这种人工智能更是存在一定恐慌的心理。未知总是会引起恐惧。

实际上,迄今为止,人类研究发展的所有人工智能都是弱人工智能,还远远达不到强人工智能的水平。弱人工智能只能作为人类脑力劳动的助手,帮助我们提高效率,我们大可不必担心它对人类发展产生任何负面的效果,强人工智能在可见的未来还看不到实现的希望。

2. 大数据与人工智能

正如前所述,大数据是深度学习的基础和前提条件。但大数据并不等于人工智能,而现在有把两种概念滥用的趋势。大数据可以用来进行数据挖掘,比如在海量社交数据中匹配爱好相同的人,归纳出喜欢某个明星的人同时喜欢哪一类型的电影等,这并不是当前语境下定义的人工智能,因为数据(用户名)和标签属性(爱好、喜欢的明星)之间并没有内在的联系,不能用于在新的数据集中做推断。张三爱好体育,李四爱好文学,并不能用于推断王五爱好什么。只有数据本身和标签之间存在隐含的关系,需要通过深度学习训练的神经网络发掘这种关系时,才能被称为人工智能,比如通过深度学习推断某张图片里是不是猫。

3. 监督学习、无监督学习、强化学习

监督学习(supervised learning):当前使用最多的机器学习模型,需要有标注的学习数据集,用于训练神经网络,训练好的网络用于对新数据进行推断。可以理解为机器根据人的知识和经验进行学习,学的最好的情况就是达到人的认知水平,当然可能在速度和准确性上超越人类。

无监督学习(unsupervised learning):训练数据集未进行任何标注,无监督学习通过一定规则对数据进行聚类(clustering),自己提取规则,可以理解为机器在没有老师的情况下自我学习,虽然学习的难度更高,但有可能超过人类的认知水平。AlphaGo Zero 采用的纯强化学习(reinforcement learning)即属于无监督学习的一种,不根据任何人类棋谱进行学习,反而打败了根据人类棋谱学习的阿尔法狗(AlphaGo)(监督学习+强化学习)。当然强化学习只适用于解决特定方面的问题,如多回合博弈或者顺序决策问题(sequential decision making)。

第四节　人工智能产业链和应用场景

人工智能行业产业链可以分为基础层、技术层和应用层。基础层以数据或硬件能力支撑上层的算法和应用,如传感器、人工智能芯片、云计算、数据服务等。其中传感器以及数据服务机构主要负责收集数据,而 AI 芯片(GPU、FPGA、ASIC)①在硬件层面提供运算能力。基础层的另一块是人工智能软件平台,已经被国际巨头抢占,如谷歌的Tensor Flow,脸书的 Caffe/Torch,都是最流行的开源人工智能框架,在此不做展示。技术层在基础层的硬件和数据的基础上,进行可视化、语音、语言等能力的赋能,从而实现人工智能技术落地,使人工智能渗透进入各个行业的应用场景,如零售、教育、医疗、汽车、安防、智慧家居、智慧城市等领域。

---

① GPU 指图像处理器,FPGA 指现场可编程门阵列,ASIC 指专用集成电路。

一、基础层

传感器、大数据、云计算作为单独的产业方向,在这里不做具体讨论。芯片方面,虽然中国半导体行业整体技术水平与发达国家有较大差距,高端芯片严重依赖国外进口,仍然涌现出了像寒武纪科技、深鉴科技、地平线这样优秀的独角兽公司。国产人工智能芯片的崛起不仅带来计算能力的提升,同样也可以起到降低成本的作用。

寒武纪科技是新一代中国智能芯片研发公司的代表和翘楚。2016年推出的寒武纪 1A 处理器是世界首款商用深度学习专用处理器。2017 年 11 月推出三款新的终端 IP 产品和两款云端高性能处理器,以及寒武纪人工智能软件平台 Cambricon NeuWare,打造端云一体智能处理能力。寒武纪科技的目标是打造真正的类脑神经网络芯片,试图通过低功耗高性能的架构重塑,颠覆已有的冯·诺伊曼架构,与传统CPU、GPU 对比,实现神经网络运算的大幅提升,以支持人工智能在各个业务场景落地。

中国 AI 芯片的代表公司还有专注于自动驾驶芯片的地平线和专注于计算机视觉芯片的深鉴科技。

二、技术层

计算机视觉(computer vision)是指计算机处理图像传感器捕获的静态或动态图像,对图像进行认知、理解、决策的技术,分类技术类别包括：人脸识别、物体识别、自动驾驶等。计算机视觉是中国人工智能最强的方向，涌现出了众多的知名公司，包括商汤科技、旷视科技、依图科技、格灵深瞳、云从科技等。语音识别（voice recognition）是将语音转换成文字的技术。自然语言处理（natural language processing）是指人工智能对自然语言的认知和交互。相对前两项技术来说，当前的人工智能技术进行自然语言处理的难度更大，原因是机器进行学习时，要求学习数据中，确定的输入对应确定的输出。但是由于自然语言的模糊性，一句话可能由于上下文的不同导致语义的变化。人类至今还没能完美地解决这个问题。自然语言处理类技术包括智能翻译、人机对话等。科大讯飞是中国语音识别和自然语言处理领域的领军者，代表世界最高水平，占有中文语音技术市场 70%以上的技术份额。

三、应用层（应用场景）

场景 1：智能安防

安防行业正在向全面智能化迈进。中国安防行业在过去十几年中经历了从高清化、网络化到现在智能化的升级换代，目前中国生产的视频监控摄像头基本实现高清录制，并能够通过网络对视频数据进行回收、储存与分析。硬件方面，前端摄像机逐步实现高清化，遍布广泛。技术方面，深度学习算法成熟，带动图像识别精准度提升。

目前智能安防的落地产品能够实现的主要目标有：识别目标的性状、属性以及身份；实时监控场景内目标数量与密度；事件检测与行为分析。

场景 2:智慧医疗

在当今医疗领域,医生资源的短缺是造成看病难的重要原因,尤其是在不发达地区,这一问题尤为严重。智能医疗可以很好地解决现阶段我国医生数量严重不足的问题。随着语音交互、计算机视觉和自然语言处理等技术的逐渐成熟,人工智能医疗领域的各项运用变成了可能。这主要包括:非结构化医疗数据整合、医疗影像智能诊断、医疗机器人、个人健康数据智能分析等。人工智能应用于医疗的难点在于当今的医疗数据像孤岛一样,分散地存在于一个个医院之中,医疗大数据缺乏整合。这一问题如能得到解决,将大大推动智能医疗的发展。

场景 3:无人驾驶

无人驾驶技术链基本可分为三个阶段:感知、决策和控制。计算机视觉技术主要应用在无人驾驶的感知和决策阶段。基本原理是:通过传感器获取场景中物体的位置、深度等信息,同时对物体(车辆、行人、障碍物)进行检测与追踪,再通过视频中的连续图像来预测每一个物体的运动方向和运动速度,并做出下一步行动的决策。自动驾驶的关键技术包括高级驾驶辅助系统和高精度地图等。自动驾驶技术除了可以应用于地面车辆外,还可以应用于无人机、无人船的自动驾驶,具体应用场景如用无人机喷洒农药等。自动驾驶级别见表7-2。

表 7-2　自动驾驶级别一览

NHTSA①	SAE International②	执行转向加速	驾驶环境监测	驾驶决策	说明
L0 无自动驾驶	L0 无自动驾驶	人	人	人	仅有预警功能
L1 单一功能辅助	L1 驾驶员辅助	人或系统	人	人	自适应巡航、车道保持
L2 多功能辅助	L2 部分自动驾驶	系统	人	人	自适应巡航+车道保持/自适应巡航+自动刹车
L3 有限自动驾驶	L3 有限自动驾驶	系统	系统	人	高速自动驾驶、自主泊车
L4 完全自动驾驶	L4 高度自动驾驶	系统	系统	系统	人类只在特殊情况介入
	L5 完全自动驾驶	系统	系统	系统	完全无须人类介入

来源:中投研究院整理

场景 4:智慧教育

　　人工智能与教育的结合,主要包括:自适应学习(如分级阅读)、虚拟专家等。自适应教育是以个人为单位的教育方式,为受教育的每个人提供个性化的服务,相对于传统教育,它能够有更多的学生数据来调整教育方案,增强教学效果。虚拟专家系统是在某个领域能够有效地运用数字化的经验和知识库,解决以往专家才能解决的复杂问题,提供

---

　　① NHTSA 指美国国家公路交通安全管理局(National Highway Traffic Safety Administration)。

　　② SAE International 指国际自动机工程师学会(Society of Automotive Engineers International)。

低成本的专家能力供给,并提供标准化的解决问题流程,解决教育领域名师专家不足的问题。这部分在 K12 教育的应用场景十分丰富,想象空间非常巨大,还亟待进一步开发。

场景 5：博弈对战

即在人类发明的脑力博弈游戏中与人类竞技。代表性的事件有：IBM 的深蓝战胜人类国际象棋冠军；谷歌 Deepmind 的 AlphaGo 和 AlphaGo Zero 战胜围棋九段棋手李世石、柯洁；冷扑大师战胜人类德州扑克高手。其中国际象棋、围棋等棋类游戏属于完全博弈,即对战双方掌握所有对方的信息。而德州扑克等牌类游戏属于不完全博弈,类似的还有麻将、《星际争霸》等,对战的双方或多方存在信息的不对称。博弈对战目前还多以学术研究为主,离商业化较远。相对来说,对不完全博弈的研究更有现实意义,将会对金融等行业有一定的启发作用,从某种意义上来说,金融就是一种超多方参与的不完全博弈。对此类技术的研究中国还相对落后,腾讯的围棋 AI"绝艺"是其中的佼佼者。

第五节　人工智能行业的投资逻辑

一、横向：从人工智能产业链看

从人工智能产业链看,基础层的半导体芯片是一个确定性很强的投资方向。传统芯片行业市场格局稳定,技术或生态壁垒高,需要长时间的技术积累和生态培育,无法靠高投入实现快速突破。人工智能为芯片行业带来了新的机会,此领域壁垒尚未形成,技术更新迭代快,新创企业有机会通过"错位竞争"在细分市场完成弯道超车。

人工智能芯片分为 GPU、FPGA、ASIC 三种,三种芯片在能耗、效率、通用性、成本、算力等维度上具有不同特征,使得它们在云端训练、云端推断、终端推断三层应用中各有用武之地,如表 7-3 所示。

表 7-3　各类人工智能芯片的比较

芯片类型	功耗	效率	灵活度	延时	应用场景
GPU	高	低	通用	高	云端训练、云端推断、终端推断
FPGA	低	中	半定制化	低	云端推断、终端推断
ASIC	低	高	全定制化	低	云端训练、云端推断、终端推断

云端训练对算力要求极高,英伟达 GPU 和谷歌 TPU(ASIC)等巨头优势巨大,该市场需高额研发投入以维持产品的进化,初创企业很难分一杯羹。

云端推断三种芯片各有优势,初创企业可以从 FPGA 市场入手,利用算法核心竞争力,软硬结合,以整套解决方案开展竞争。

终端推断三类芯片适合不同的细分场景:GPU 适用于高级驾驶辅助系统(ADAS)、视频安防等对能耗不敏感的 B 端场景;FPGA 适用于快速迭代的物联网产品;ASIC 效能表现最优,大规模量产成本低,适合智能手机等消费级移动终端。新创企业可以从 FPGA 和 ASIC 切入,利用算法能力禀赋,深耕细分领域,逐步实现"软件技术+芯片"解决方案的输出。

以国内为例,新创 AI 芯片领域已涌现出寒武纪科技、深鉴科技、Novumind、地平线、云知声等优秀企业。它们的核心竞争力是:具有领先的软硬件技术和开放的生态;从规模大、成长性好的终端细分市场切入;稳步发展,逐步走向云端,IP 输出走向自研芯片。

再看人工智能产业链的其他几环:基础层的框架已被大公司占据,基本没有机会。技术层各类技术成熟度有所不同,类虚拟助手/客服供给已经饱和,自然语言理解的技术发展也到了瓶颈期;计算机视觉发展迅速,落地场景多,涌现了大批优秀新创企业和成功的商业模式;自动驾驶比预想的要慢,在 L1 和 L2 之间徘徊,L4 遥遥无期。应用层我们在下一段按业务场景进行深入分析。

二、纵向:从业务场景看

(一) 技术、商业可行

人工智能落地的业务场景,技术上一定要能清晰定义需要解决的问题,可明确识别数据以及训练和推断的流程;商业上要坚持价值导向,一定要解决业务场景中的实际问题,在落地成本、时间可接受的情况下,带来人力成本的降低、利润的提升以及用户数据的积累。

以汽车保险行业为例,人工智能落地路径清晰可辨:核保场景下,保险公司对以往的车损照片进行标注,并训练 AI 核保模型,训练完的模型将可以自动进行核保,处理绝大部分业务,大大节省核保环节的人力成本;货运监保场景下,利用摄像头监督货运司机是否有抽烟、疲劳驾驶等违规情节,训练 AI 模型自动识别违规动作并上传云端,一是有效监督被保险人,降低事故赔付率;二是分析违规数据,可以有针对性地调节保险费率,提升保费收入。

另外,从行业看,应优先考虑劳动力严重短缺的行业,提取其中简单脑力重复性劳动较多,适合人工智能介入的场景,如 K12 教育、医疗影像分析、保险核保等。这些领域存在大量人工智能投资的机会。

部分人工智能应用场景还与其他新科技有着密切的关系。高级自动驾驶依赖于 5G 的部署,智慧城市依赖于物联网的大面积应用,而 VR/AR 是天然的基于图像的终端入口,与人工智能的结合将带来新的可能性。

(二) 数据为王

人工智能企业核心竞争力和最大的"护城河"一定是数据,而不是技术能力。当前,人工智能企业之间的技术能力越来越接近,以人脸识别为例,市场主要参与者在准确率和误报率等关键指标上只有小数点后的差异,不足以造成足够的竞争壁垒。未来科技企业的较量更多是对数据的掌控以及持续获取数据的能力。

结合业务模式来看:2C(to customer,对个人)业务,教育、消费电子等行业可以做产品,金融、零售、医疗、制造、互联网等行业可以利用 AI 融合改造业务,无论是做产品还是业务的融合,2C 业务公司积累数据都有天然的优势;2B(to business,对企业)业务,如能通过为 B 端服务积累 C 端数据是好的模式,否则纯粹的 AI 赋能,只是一锤子买卖,无论是卖服务还是提供解决方案,企业很难有爆发性成长。2B 业务的加分项还包括做已有分散数据的整合者,如各大医院医疗数据的整合,公开数据和非公开数据的打通者,如某些大数据公司的业务模式;2G(to government,对政府)的业务,尤其是智慧城市,很大程度上依赖于 5G 和物联网的发展,一些创新数据如卫星数据、气象数据也有待挖掘。

　　无论何种场景,何种业务模式,人工智能落地最佳的商业形态是所谓的飞轮模式,形成数据、用户、产品的闭环:先为算法收集足够的数据,这样就能推出产品,然后通过产品获取用户,而用户会产生更多的数据……(如图 7-1 所示)。这一闭环一旦运转起来,将迅速甩开竞争对手。

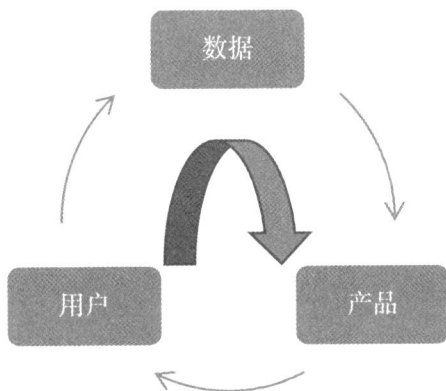

图 7-1　人工智能企业运营模式示意图

三、人工智能跨境并购机会和挑战

(一) 人工智能跨境并购机会

人工智能公司目前的格局是,大型互联网公司加上一众新创企业,中国的 BAT① 和美国的 FAANG② 都积极布局人工智能,而在新创企业上,中美属于第一梯队,美国绝对领先,中国紧随其后,后面跟着的是英国、以色列、加拿大等第二梯队,如图 7-2 所示。这种格局决定了人工智能跨境并购的标的多为新创企业。在国别上,虽然美国相关企业最多,但由于美国对高科技企业的严格管制,也许把目光转向英国、以色列和加拿大等第二梯队国家是个不错的选择。

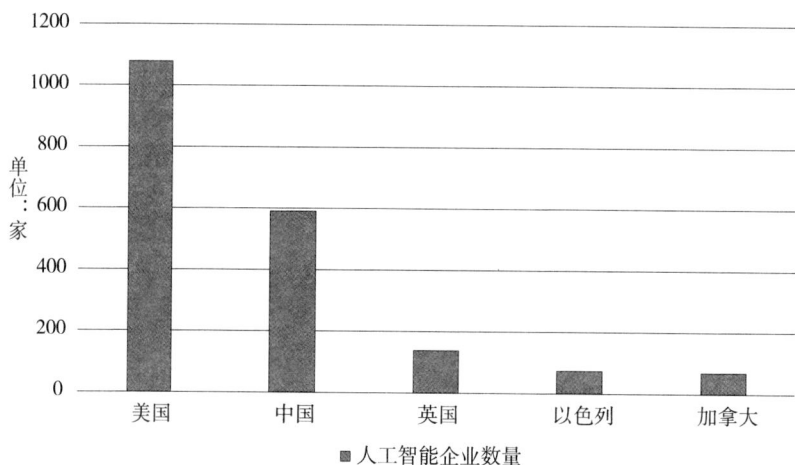

图 7-2　人工智能企业数量排名前五的国家

来源:腾讯研究院、中投研究院

　　值得注意的是,美国人工智能行业的领军人物中,有一批华裔科学家,如从谷歌转投百度,又创立 landing.ai 的吴恩达,从谷歌云 AI 首席科学家岗位离职,并曾创办 Imagenet 的李飞飞,都是美国人工智能业内

---

　　①　BAT 是百度、阿里巴巴、腾讯三家中国高科技公司的合称。
　　②　FAANG 是 Facebook、Amazon、Apple、Netflix、Google 五家美国高科技公司的合称。

的风云人物。在美国对高科技企业(甚至包括初创企业)的并购严格管制的背景下,重点关注华人团队创立的公司可能是个捷径。百度收购 xPerception 就是一个最好的例子,xPerception 的两位创始人包英泽和陈明裕就是两位华裔科学家。

(二) 人工智能投资中的风险

1. 监管风险

与其他高科技产业一样,中美贸易摩擦以来,美国对来自中国的人工智能产业的并购请求监管日趋严格,审批流程耗时更长,通过的不确定性也增加了,在项目初期须谨慎评估。

2. 法律风险

数据是人工智能企业最重要的资产,但是数据的来源必须合法,在用户不知情的情况下收集数据、侵犯用户的隐私权在许多国家被法律严厉禁止。世界各经济体都出台了严格的数据隐私保护法律。尤其是欧盟,在 2018 年通过了史上最为严格的《通用数据保护条例》,谷歌、脸书这样的大企业都遭受了严厉的处罚。在进行并购时,一定要做好数据资产相关的尽职调查。

人工智能还带来了一系列当前法律没有完全解决的新问题,自动驾驶汽车撞人,医疗机器人发生手术事故,如何认定责任,这是前人工智能时代没有遇到过的问题,需要人们在伦理道德认知上的统一和相关法律、法规的进一步健全。

在投资时也要特别关注这些法律的灰色地带。

3.道德和舆论风险

有些人工智能业务存在争议,比如以今日头条、抖音为代表的内容分发 AI 引擎。一直以来,有声音质疑这种内容分发机制,虽然对业务增长极为有效,但其实在道德层面存在瑕疵。由 AI 引擎根据个人的兴趣点推荐新闻和信息,是否会逐渐导致人们,尤其是未成年人,在主动获取信息上的懈怠,并造成思想和眼界上的狭隘。虽然这个问题一直未有定论,但类似的由 AI 引起的道德风险,及由此可能导致的舆论风险对企业的影响,是值得在投资时仔细评估的。

第六节　人工智能行业跨境并购案例

一、百度收购美国 xPerception 公司

2017 年 4 月,中国搜索巨头百度宣布收购硅谷科技创业公司 xPerception,具体金额未透露,这是一家美国计算机视觉初创公司,由两位前 Magic Leap 工程师包英泽和陈明裕于 2016 年创立,专长于即时定位与地图构建(SLAM)技术,该技术使用视觉和惯性传感器,如相机、加速器和陀螺仪,进行物体检测和路径规划。

收购之后 xPerception 的核心团队将加入百度研究院,除了赋能百度 Appolo 自动驾驶业务外,在 AR、机器人研究方面也将对百度有所助益。

二、巨人网络收购以色列 Playtika 公司

2016 年 7 月,巨人网络联合云锋基金等以 44 亿美元现金收购了以色列凯撒互动娱乐的网络游戏公司 Playtika。Playtika 成立于 2010 年,在全球拥有 1500 多名员工,在美国、加拿大、日本和乌克兰设有研发中心。

作为以色列最大的互联网公司,它提供的服务涵盖数据分析、游戏和基于大数据的优化,并借助人工智能帮助游戏公司等客户深入理解用户,进行针对性优化并提供个性化体验。除游戏行业外,Playtika 的 AI 技术还可用于旅游、电子商务、媒体娱乐等领域,这正好迎合了巨人网络向 AI 转型的战略。

三、复星收购以色列 BondIT 公司

2017 年 10 月 27 日,复星宣布完成对以色列 BondIT 公司 1425 万美元的战略投资,成为 BondIT 的主要股东,并拥有董事会席位。

BondIT 是一家提供智能投顾解决方案的金融科技公司,专注于固定收益产品。核心技术是基于 AI 自动化工具克服债权产品复杂性,创建债券组合,并定量优化组合的风险和回报。

BondIT 将成为复星金融生态系统的重要补充,通过其颠覆性技术助力复星财富管理业务的升级,服务与复星有海外资产配置需求的中国高净值客户,而复星的投资经验和中国市场专业知识也将被带至 BondIT,与其产生协同效应。

第 八 章

电子游戏①

国内游戏市场 2011 年来一直处于高速增长阶段,但日趋饱和,腾讯、网易等多家游戏厂商不断尝试拓展海外市场,并购动作频繁,从全球范围看游戏市场好戏连台。

第一节　国内游戏市场增速放缓

从国内游戏市场规模和用户人数来看,2008 年以来处于一直处于高速增长阶段。2008 年,游戏市场规模仅有 185. 6 亿元,到 2017 年已经达到了 2036. 1 亿元,如图 8-1 所示。游戏用户从 2008 年的 0. 67 亿

---

①　本章特邀长江证券传媒互联网研究团队(王傲野、聂宇霄)主笔。

人增长到 2017 年的 5.83 亿人。如图 8-2 所示。

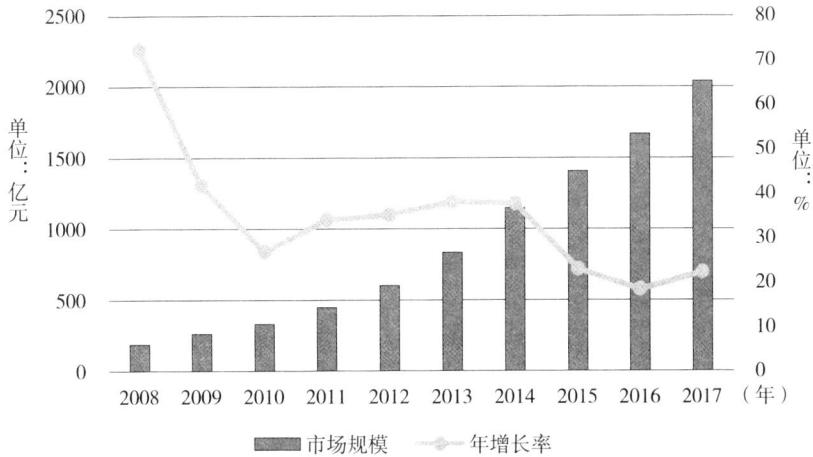

图 8-1　中国游戏市场规模

来源：游戏工委、长江证券

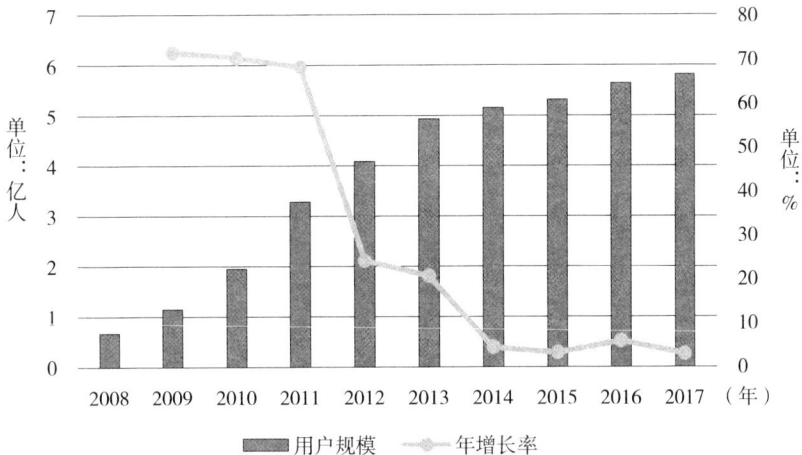

图 8-2　中国游戏用户规模

来源：游戏工委、长江证券

从全球来看,中国游戏规模在 2016 年已经超过美国,成为全球最大的游戏市场,预计 2018 年仍将位居第一,收入可达到 379 亿美元,占全球市场的比例为 28%,见图 8-3。

亚太地区			
中国大陆	379亿美元	2018年营业收入	714亿美元
中国台湾	13亿美元	2018年营业收入全球占比	51.8%
日本	192亿美元	2017—2018年营业收入同比增长率	16.8%
韩国	56亿美元	总人口	40.98亿
澳大利亚	13亿美元	网民总数	19.44 亿
分地区 整体		游戏玩家数	12.34 亿

图 8-3　2018 年游戏市场收入预计

来源:Newzoo、长江证券

随着国内智能手机的爆发增长,手机游戏(手游)的市场份额从 2011 年的 12% 快速提升到 2017 年的 57%,在手游市场规模提升过程中,挤占了大量客户端游戏(端游)和网页游戏(页游)的市场份额,2011 年端游的市场份额达到 76%,2017 年仅剩下 32%。

从全球来看,国内手游占游戏市场规模的比例要显著高于全球的平均比例。2017 年全球手游占比为 46%(智能手机游戏和平板游戏),预计 2018 年可达 51%,如图 8-4 所示;而国内在 2017 年已经达到了 57%,如图 8-5 所示,主要原因在于国内的主机游戏市场规模较小,在欧美等发达国家,主机游戏市场的规模较大且难以被手游替代。预测未来全球手游市场

份额会有所提升,主要来自替代端游和主机游戏市场份额。根据 Newzoo
的预测,2021 年,全球手游的市场份额可以达到 59%,如图 8-6 所示。

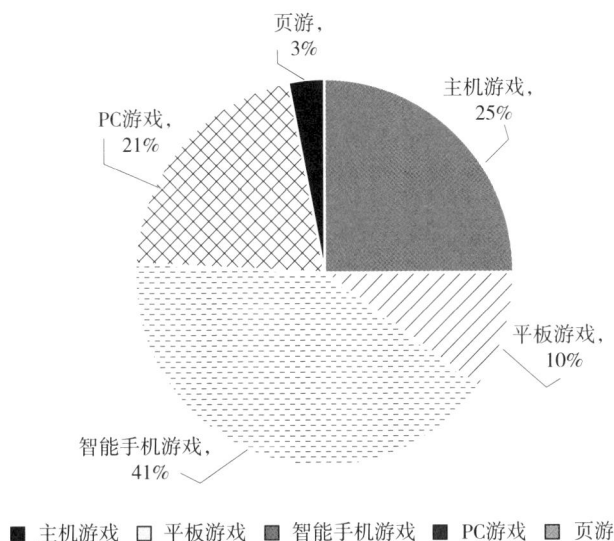

图 8-4　2018 年全球游戏市场细分类别预计份额

来源:Newzoo、长江证券

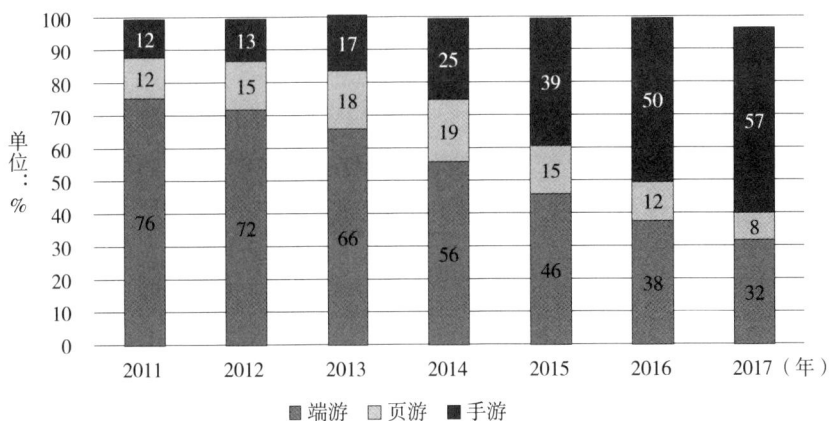

图 8-5　2011—2017 年中国游戏市场分类统计

来源:游戏工委、长江证券

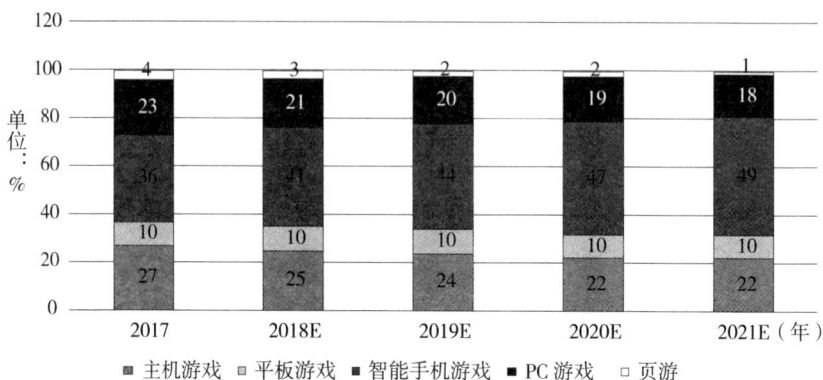

图 8-6　全球游戏市场规模未来增长状况

来源：Newzoo、长江证券

　　从手游的市场规模来看，主要是从 2011 年开始快速增长，如图 8-7 所示，其增长动力主要得益于手游用户的大规模爆发增长。近几年，用户规模增速显著降低，2017 年手游用户规模的增长率仅有 4.9%，如图 8-8 所示，手游行业已经告别了用户红利的高速增长阶段。从手游用户的 MAU 也可以看出来，2016 年 6 月到 2017 年 6 月这一年期间，手游行业整体 MAU 几乎保持在一个比较平稳的状态，不再继续增长，如图 8-9 所示。

　　从手游市场规模来看，近几年增速虽然持续下降，但是仍取得较为可观的增速，2017 年市场规模增速达到 41.7%。在手游用户规模增速放缓的背景下，市场规模的增长已经转变为靠用户的付费能力提升带来的增长，如图 8-10 所示。

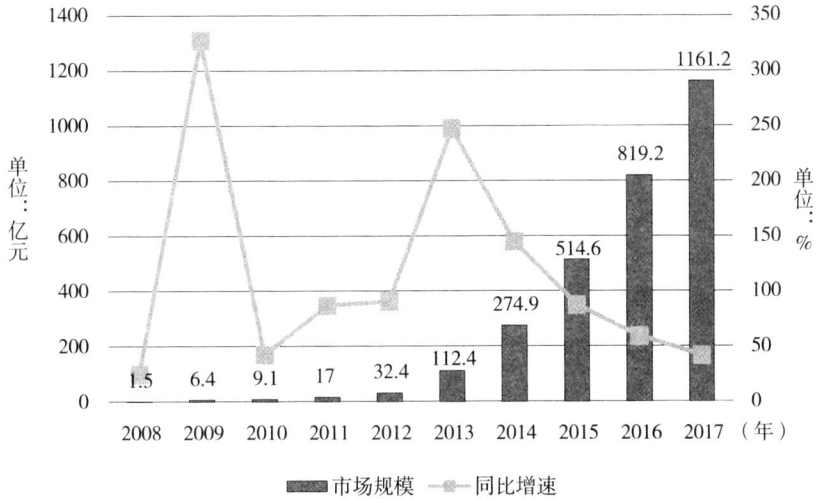

图 8-7　中国手游市场规模及同比增速

来源：游戏工委、长江证券

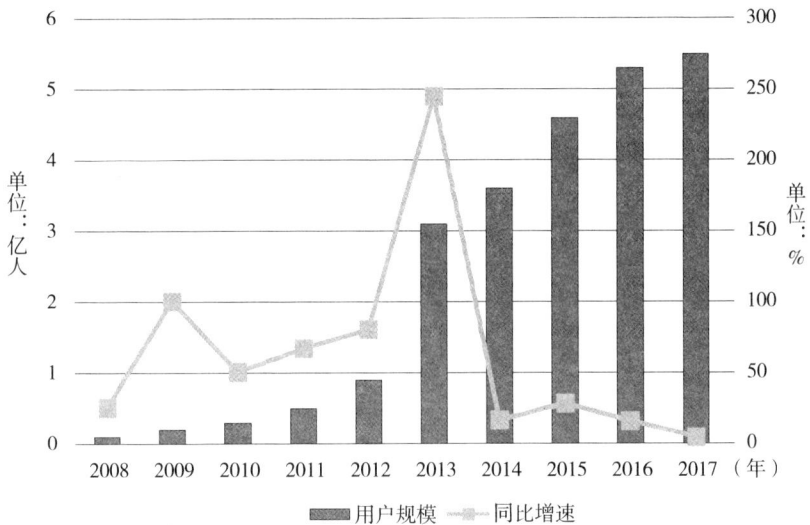

图 8-8　中国手游用户规模及同比增速

来源：游戏工委、长江证券

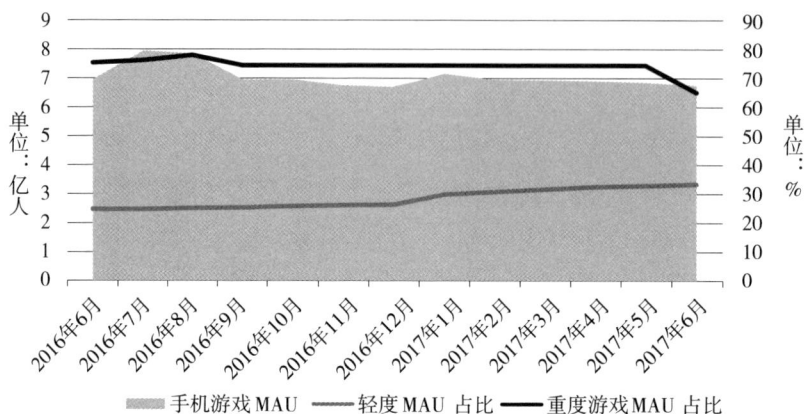

图 8-9 手游 MAU 变化情况

来源：Questmobile、长江证券

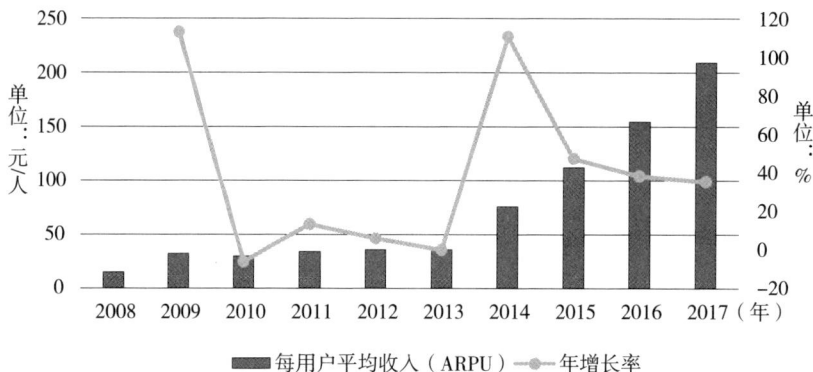

图 8-10 中国手游用户 ARPU 及增长率

来源：艾瑞咨询、长江证券

一、国内游戏市场份额大部分被腾讯、网易占领

不论是端游还是手游，近几年，腾讯和网易的市场份额一直处于持

续提升的状态,留给其他游戏厂商的份额越来越小。2017年,腾讯、网易合占国内端游市场份额达到70.24%,如图8-11所示,手游市场份额达到76.06%,如图8-12所示。对于国内的中小游戏厂商而言,国内游戏市场已经被腾讯和网易瓜分了大部分,想要在国内从腾讯、网易手中抢占市场份额比较难,游戏出海成了很多国内游戏厂商的选择,尤其是手游行业。

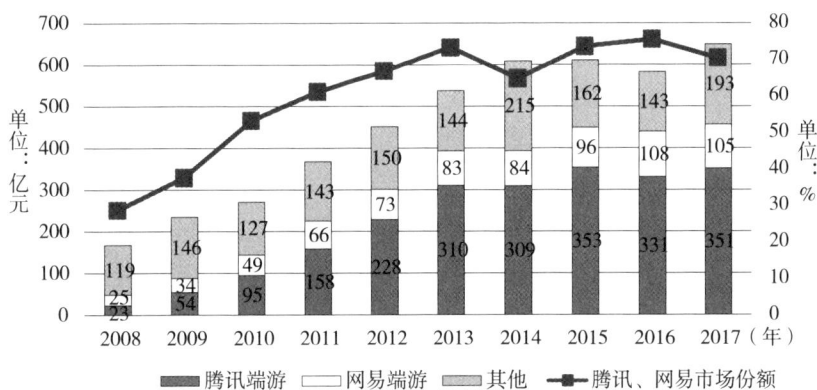

图8-11　腾讯、网易端游市场规模及市场份额

来源:游戏工委、长江证券

二、买量红利已过,收益逐渐收窄

单位用户买量成本2018年较2016年上涨五倍,2018年头部媒体竞价成本会进一步提升。举一个具体例子,某游戏回收周期从2016年初的2个月延长至2017年的3—4个月,分渠道看,目前买量利润集中在iOS操作系统上,安卓操作系统利润较少;从细分类别上看,目前传

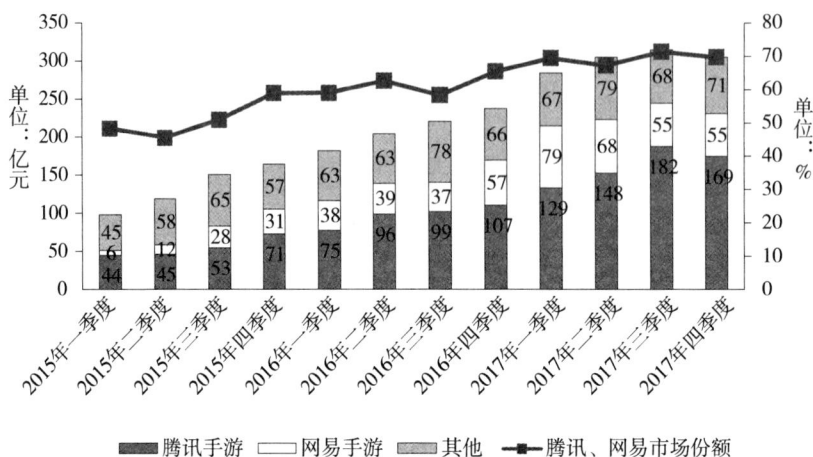

图 8-12　腾讯、网易手游市场规模及市场份额

来源：游戏工委、长江证券

奇类、仙侠类居多，其他类别产品在买量市场还未充分开发。

　　我们分析，买量市场红利已经过去，2018 年将进入洗牌阶段，以买量为优势的厂商在 2018 年面临的压力加大。

第二节　并购动因分析

一、国内用户红利消失，游戏厂商进军海外市场

　　从上文的分析我们可以看到，虽然国内的游戏市场规模还有较高增速，但是国内游戏市场用户规模已经不再增长，需要靠挖掘存量用户的单位用户贡献收入（ARPU）值来提升市场规模。以手游为例，2016

年主要新兴市场的手游 ARPU 值还有较大提升空间,见图 8-13。而且,在印度等地区,智能手机普及率较低,根据 eMarketer 的报告,2017年印度仅有 23.2% 的用户拥有智能手机,比例远低于中国,未来还有较大的增长空间,预计 2020 年可以提高到 31.7%,在印度庞大的人口基数下,提升的用户规模非常可观,带来的用户红利非常大,见图 8-14。此背景下,国内各大游戏公司纷纷开始开拓海外游戏市场。

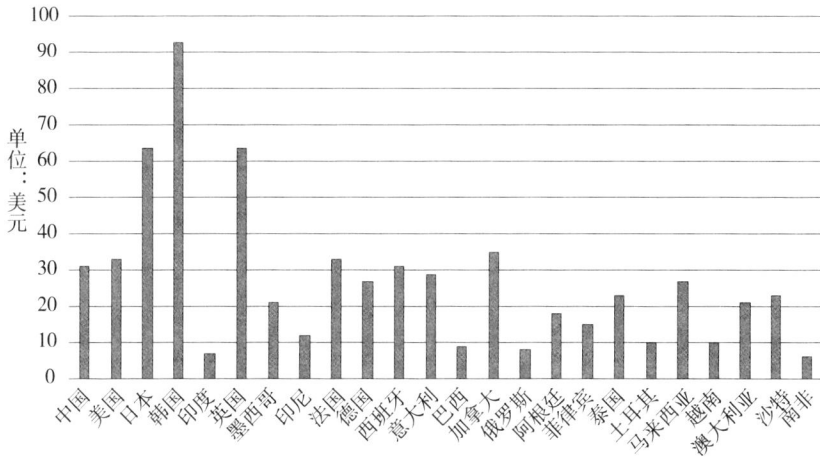

图 8-13　2016 年各国手游 ARPU 值对比

来源:Avazu、长江证券

二、国外竞争比较缓和

相比国内而言,国外一些新兴国家游戏市场竞争没有国内那么充分。以手游为例,俄罗斯和印度尼西亚等新兴市场,2016 年手游 CR10占行业总收入的比例大概为 30% 以下,而在国内,手游市场基本被腾

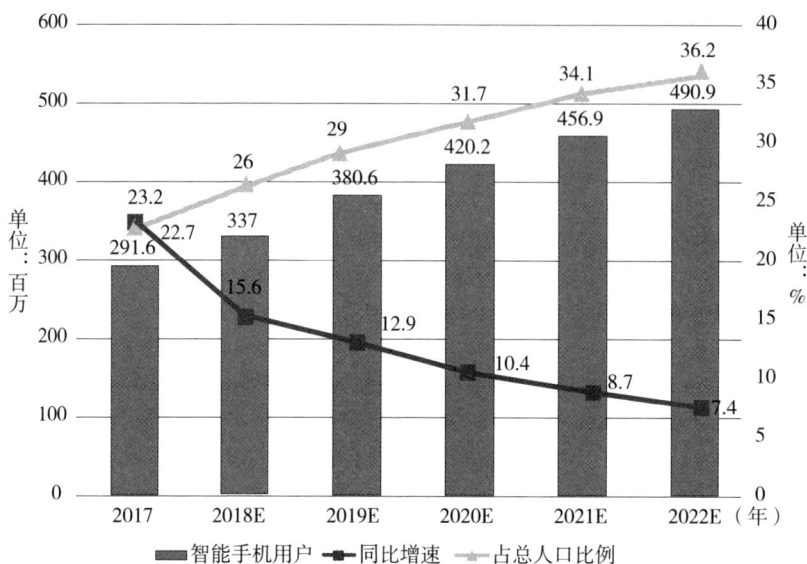

图 8-14　印度智能手机用户数量、占比及增速

来源：eMarketer、长江证券

讯、网易垄断，其他厂商的手游收入合计占比不超过 30%。

2016 年 11 月开始，《王者荣耀》的用户数开始大幅攀升，2017 年 1 月起超过除《王者荣耀》外的其他重度游戏用户规模之和，挤占了其他重度游戏的用户，如图 8-15 所示。从用户时长的占比也可以看出，腾讯、网易之外的手游厂商的手游产品使用时长的份额不断被挤压，到 2017 年底已经不到 40%，如图 8-16 所示。

对于国内其他游戏厂商而言，腾讯在国内手游具有巨大的渠道优势，网易一直走精品研发路线，想要挑战这两家手游厂商比较困难，游戏出海成了很多国内手游厂商的选择。

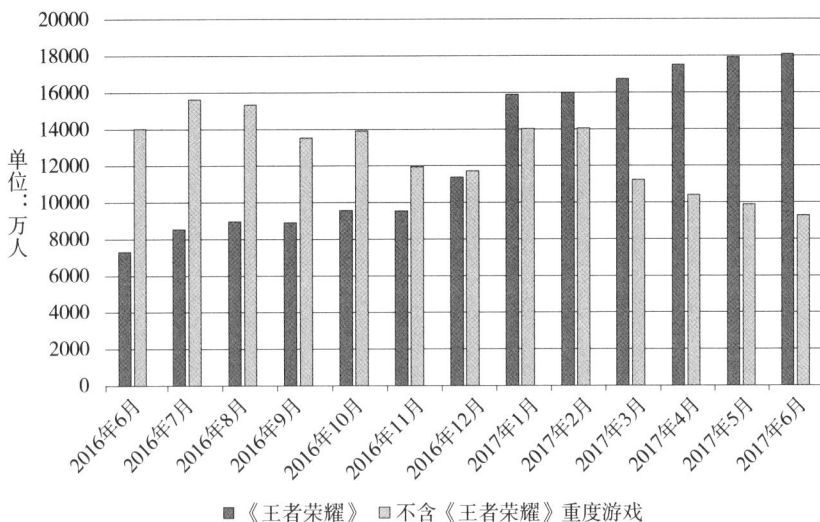

图 8-15　《王者荣耀》与不含《王者荣耀》重度游戏 MAU 对比图

来源：Questmobile、长江证券

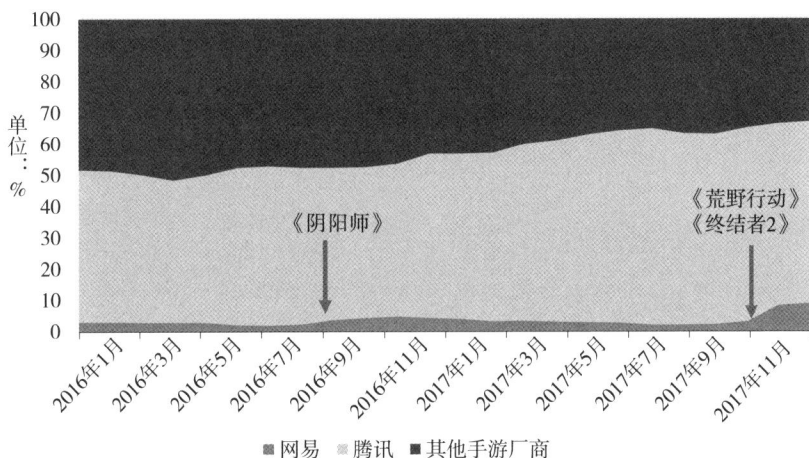

图 8-16　腾讯、网易和其他手游厂商游戏产品占用户手游时间比例

来源：Questmobile、长江证券

另外,与国外相比,国内渠道成本较高,大部分安卓操作系统应用商店的渠道分成比例在 50% 左右,iOS 操作系统官方渠道在 30%,而在国外,不论安卓或者 iOS 操作系统,渠道分成比例均在 30%,相比国内具有明显的优势。

三、引进国外优质游戏,拓展中国市场

中国是个规模巨大游戏市场,2016 年游戏市场已经超过美国,排名世界第一。相比于国内,国外的游戏制作水平比较高,很多国内的热门游戏都是从国外引进,然后在国内流行起来的。

从历年审批通过的进口游戏数量来看,进口到国内的游戏数量在 2016 年和 2017 年呈现爆发式增长的趋势,如图 8-17 所示。

从进口游戏规模来看,进口游戏规模增速并没有游戏数量增速高,但是进口游戏规模也是呈现稳步增长的趋势。国内巨大的游戏市场使得游戏厂商对于引进海外优质的游戏有非常高的积极性。如果算上一些国内暂时没有游戏厂商代理的或者尚未通过审批的游戏(如《绝地求生》等),实际的游戏进口规模会更高,如图 8-18 所示。

相比于代理,国内有些游戏公司更加愿意采用收购的方式,这样不仅沟通合作障碍少了很多,而且也可以排除国内的竞争者,围绕游戏做电竞产业,这方面的成功案例就是腾讯对于开发了《英雄联盟》的公司RIOT 的收购,腾讯不仅获得了《英雄联盟》的独家代理,还围绕这款游戏举办了电竞赛事,做起直播业务。

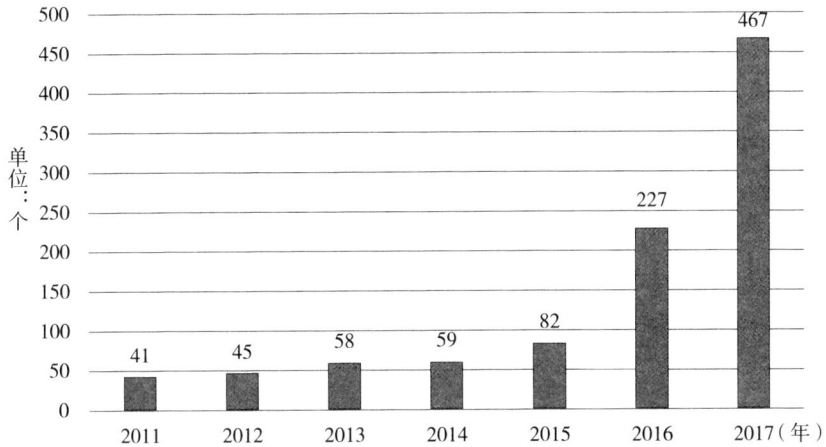

图 8-17　2011—2017 年审批通过的进口游戏数量

来源：国家新闻出版广电总局、长江证券

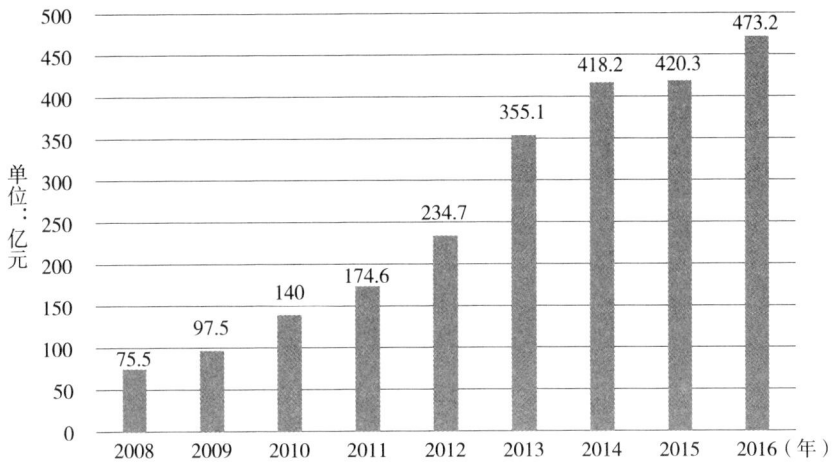

图 8-18　2008—2016 年国内进口游戏市场规模（代理海外游戏）

来源：游戏工委、长江证券

第三节　并购案例分析

一、腾讯收购 RIOT

2008 年,腾讯就投资 RIOT 获得 22.34% 的股权并取得《英雄联盟》在中国的独家代理权(不包含港澳台地共区的代理权)。2011 年 11 月,腾讯再次花费现金 2.31 亿美元增持股权,完成此次交易后腾讯持股比例达 92.78%。2015 年 12 月 17 日,腾讯完成了对 RIOT 剩余股权的收购,RIOT 成为腾讯的全资子公司。

腾讯收购 RIOT 之后,RIOT 仍然将继续保持独立运营的状态,腾讯不会干涉 RIOT 的人事变动以及产品研发工作。除了中国境内的《英雄联盟》游戏维护工作、赛事组织由腾讯负责,其余的由 RIOT 全权负责。对于游戏的内容,腾讯只提供支持和维护工作,不对其做任何修改。

腾讯收购 RIOT 的动因,一方面考虑获得《英雄联盟》的独家收益,不用与其他股东分享收益;另一方面也是考虑到收购对于以后在中国(不含港澳台)的发行和推广更加便利,更加容易沟通,而且腾讯还可以获得 RIOT 有价值的资源、技术和各种无形资产。

《英雄联盟》为腾讯带来巨大收益和电竞生态。《英雄联盟》从 2011 年 9 月登陆国服,之后发展非常迅速,根据 Superdata 的数据,2014 年 1—9 月《英雄联盟》成为全球收入最高的免费 PC 游戏,达到 9.46

亿美元,接下来几年一直保持第一,2017 年收入高达 21 亿美元。《英雄联盟》的快速发展与腾讯的推广也是分不开的,腾讯的渠道能力对于这款游戏的快速普及起到了非常重要的作用。同时,这款游戏对于腾讯的发展不仅仅是收入层面,获得也是围绕《英雄联盟》开展的电竞比赛以及相关直播的版权,从长远来看,腾讯此次收购获得的是《英雄联盟》和以后 RIOT 新作品的 IP,以后可以根据公司发展的需要来做手游或者卖周边产品,这都将给公司带来持续巨大的收益。

二、腾讯收购 Supercell

2016 年腾讯收购芬兰移动游戏巨头 Supercell 84.3%的股份,总计金额约为 86 亿美元。Supercell 面向全球市场总共推出了《部落冲突》《卡通农场》《海岛奇兵》和《皇室战争》四款游戏。其中《部落冲突》是公司研发运营最成功的一款游戏,曾在苹果应用商店(App Store)手游收入排行榜超过半年的时间里都位列前三名。目前 Supercell 四款游戏的日活跃用户数(DAU)超过 1 亿,与腾讯手游的 DAU 相差无几。2016 年初推出的《皇室战争》是 Supercell 的最新产品,在超过 1 年未发布新作的情况下仍有 1 亿 DAU,可见 Supercell 的游戏用户留存率之高。四款游戏具有极强的社交属性,来自世界各地的玩家会通过共同努力来提升自己的名次。

Supercell 盈利能力超强,如图 8-19 所示。2016 年 3 月,Supercell 发布 2015 年财务报告,公司实现营业收入 23.3 亿美元,净利润为 9.64 亿美元,净利润率超过 40%。2015 年腾讯净利润为 44.83 亿美元,手游收入约为 32 亿美元。《皇室战争》发行时间为 2016 年 1 月,这意味着 Supercell 仅以三款游戏便实现了腾讯手游 73% 的业绩,净利润为腾讯净利润的五分之一,Supercell 游戏质量与盈利能力可见一斑。

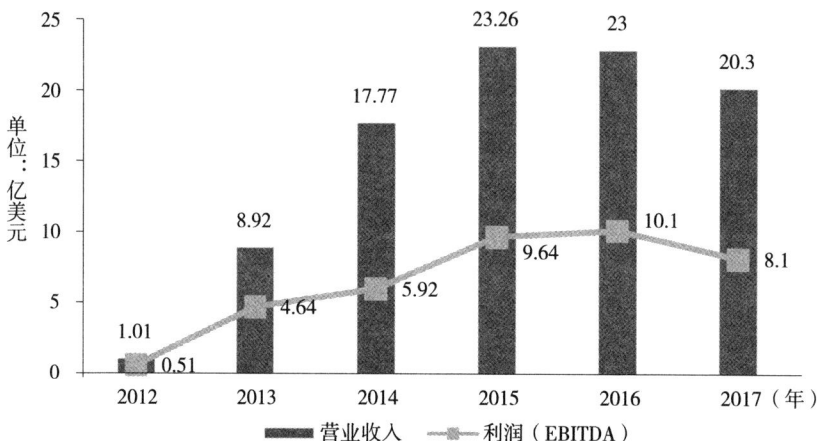

图 8-19　2012—2017 年 Supercell 营业收入和利润(EBITDA)

来源:公司财务报告、长江证券

腾讯收购 Supercell,投入巨资仅为手段,真正的目的还是合作。腾讯成为 Supercell 的母公司,Supercell 获得更为充裕的资金支持以及基于腾讯社交平台的推广帮助,但是现有管理层继续维持独立运营,Supercell 继续以芬兰为总部。

在 App Annie 发布的 2016 年手游年度综合排名榜单中,腾讯和 Supercell 是前两名。在手游收入排行榜中,《部落冲突》和《皇室战争》几乎在各大平台均为前五名。2016 年 1 月推出的《皇室战争》曾在全球主要市场击败《部落冲突》,在各大榜单中位居前列。《皇室战争》在风格和人物造型上跟《部落冲突》部分设定相似,但是战斗机制完全不同,不仅留住了相当多的原 Supercell 用户,同时还成功吸引到过去并不喜欢《部落冲突》这种异步攻防策略手游的用户,对于 Supercell 整体的用户规模的扩大起到了巨大的作用。

腾讯收购 Supercell 符合其全球化战略和社交战略。首先,收购 Supercell 既能给腾讯增速放缓的游戏业务带来立竿见影的收益,还有利于其游戏业务的长远发展。从 2015 年双方的财务数据对比来看,短期内,腾讯在与 Supercell 合并报表之后,其收入、利润和现金流数据必然得到即时的提升。从海外布局来看,腾讯以韩国和美国为重心并购动作频繁,对欧洲市场的布局相对较弱,收购 Supercell 或将成为腾讯打开欧洲市场的突破口。此外,在手游产品越来越精品化和重度化的情况下,其优秀的游戏研发团队和产品对腾讯未来的产品线创新也具有战略意义。

其次,Supercell 四款游戏 DAU 超过 1 亿,这对于腾讯的全球化战略和社交战略而言也是重要的突破点。在国内,腾讯 QQ、微信用户规模已接近"天花板",同时,腾讯在海外推广 Wechat 收效甚微,在除中国以外的亚洲地区的社交 APP 市场份额也难以排在前列,与 Line、WhatsApp 有不小的差距。在此背景下,Supercell 超过 1 亿的日活跃用户对于腾讯而言是极为重要的资源,腾讯有望借此打开欧美社交市场的突破口。另外,Supercell 也表示将与腾讯着力研究增强游戏的社交属性,我们预计未来微信和 QQ 账号与 Supercell 游戏进行对接将会成为现实。双方各取所需,无论是游戏还是社交工具的推广,交际圈都是非常重要的,游戏与社交工具结合可以产生极大的协同效应,能够为双方导入更多的用户,而且导入方式更为便利。

三、腾讯海外并购综述

截至 2018 年一季度,腾讯海外并购已经覆盖亚欧美等 10 个国家和地区,见表 8-1。韩国是腾讯海外并购的重点地区,先后并购超过 10 家公司。2005 年收购韩国网游开发商 GoPets Ltd.是腾讯首次海外并购。2014 年腾讯以 5 亿美元收购韩国 CJ E&M 的游戏公司 CJ Games,拥有 28% 的股权并成为其第三大股东。2017 年又先后收购游戏平台 Kakao Games、出品《绝地求生》的韩国游戏开发商蓝洞(Bluehole)部分股权。美国是腾讯并购的另一个重要区域。2011—2015 年,腾讯先后收购了游戏公司 RIOT、Epic Games、动视暴雪及 Pocket Gems 部分股权,之后又追加投资全资收购 RIOT,对 Pocket Gems 的持股比例也达到了 38%。腾讯在东南亚地区的并购交易涉及项目和金额相对较小。最大的收购是 2012 年收购新加坡游戏公司 Level Up67% 股权,涉及金额超过 5600 万美元。此外,2016 年斥资 86 亿美元收购芬兰手游开发商 Supercell 84.3% 的股份是腾讯在欧洲进行的最大并购交易。

表 8-1 腾讯投资并购主要游戏标的

公司	投资时间	投资金额	持股比例	类型	代表产品
Ubisoft	2018 年 3 月 21 日	4.5 亿美元	5%	游戏开发	《刺客信条》系列
蓝洞(Blue-hole)	2017 年 9 月 28 日	6117 万美元	5%	韩国游戏开发商	《绝地求生:大逃杀》

续表

公司	投资时间	投资金额	持股比例	类型	代表产品
Epic Games	2012 年	3.3 亿美元	48%	端游、主机游戏开发	《堡垒之夜》
Frontier Developments	2017 年 7 月 28 日	1770 万英镑	9%	英国模拟类游戏开发商	《尖叫之旅》《动物园大亨》《精英危险》
Pocket Gems	2017 年 5 月 12 日	9000 万美元	38%	手游研发	《Episode》《WarDragons》
Kakao Games	2017 年 2 月 13 日	8.31 亿元人民币	未透露	移动社交巨头 Kakao 子公司，游戏平台	
Supercell	2016 年 6 月 22 日	86 亿美元	全资收购	手游研发	《部落冲突》《皇室战争》《海岛奇兵》等
CJ Games	2014 年 3 月 26 日	5 亿美元	28%	手游研发	《天天富翁》《全民砰砰砰》
动视暴雪	2013 年 10 月 1 日	未知	未知	主机游戏研发	《魔兽世界》《使命召唤》等
Level Up	2012 年	5600 万美元	67%	游戏分发渠道	
RIOT	2011 年	3.41 亿美元	100%	端游开发商	《英雄联盟》

来源：公司公告整理、长江证券

　　产业链投资，战略控制。我们分析认为，腾讯的并购目标选择是基于产业链的战略协同，着眼于寻求控制权，最终体现在游戏行业的影响力和行业生态的建立。对于一些关键的收购标的，腾讯主要从战略角度出发，即使一定时间内亏损巨大也在所不惜。腾讯拥有强大的游戏运营能力和市场统治地位，这让腾讯在坚持自主研发游戏的同时，有余力针对游戏产业链进行一些战略性并购，分类列表如表 8-2 所示。

表 8-2　腾讯游戏产业链并购分类

产业链位置	并购标的	业务备注（代表作）
游戏技术底层	Epic Games（美国）	虚幻系列游戏引擎
游戏开发	RIOT（美国）	《英雄联盟》
	Next Play（韩国）	《QQ 仙境》
	CJ Games（韩国）	《全民砰砰砰》《天天富翁》
	Ubisoft（美国）	《刺客信条》
	Pocket Gems（美国）	《Episode》《War Dragons》
	Supercell（芬兰）	《部落冲突》《皇室战争》
游戏运营	Outspark（美国）	北美地区网游运营平台
游戏渠道	Level Up（新加坡）	巴西、菲律宾、美国部分游戏分发渠道
	Kakao Games（韩国）	韩国移动游戏分发平台
游戏辅助	Kamcord（美国）	游戏视频录制
	RunWilder（美国）	游戏人物设计
	ZAM（欧洲）	游戏插件社区

来源：公开资料整理、长江证券

　　重要游戏产业链并购均发生在美韩两国。2010 年,腾讯与风险投资基金 Capstone Partners 斥资近 1 亿元人民币,联手投资韩国的七家游戏开发公司,腾讯《QQ 仙境》的开发商 Next Play 也包含在其中。2011年,腾讯收购美国游戏开发商 RIOT 公司部分股份,并且获得了该公司《英雄联盟》的中国境内独家代理权,2015 年完成全资收购。2013 年收购动视暴雪部分股权,公司旗下代表作品有《魔兽世界》《使命召唤》等。2018 年以 4.5 亿美元收购《刺客信条》系列游戏开发商 Ubisoft 5%的股权。

　　除了收购一些上游的游戏开发商,腾讯还进一步收购游戏开发的上游——游戏引擎公司 Epic Games。2012 年,腾讯耗资 3.3 亿美元收购了 Epic Games 48.4% 的股份。Epic Games 是全球知名的网游公司,其虚幻 3 游戏引擎被全球众多热门网游所采用,2017 年火爆全球的吃鸡游戏《绝地求生》采用的即为虚幻 3 引擎,公司客户几乎包括了世界上所有的大型游戏开发商,如微软、索尼、EA、THQ、NCSoft、Webzen 等。

不仅如此,腾讯的收购还向下游——游戏渠道和游戏辅助延伸。2012 年收购的 Level Up 掌握巴西、菲律宾和美国的一些游戏分销渠道,而同年收购的 ZAM 则是一个著名的游戏插件社区。2014 年收购韩国移动社交巨头 Kakao 子公司——游戏分发平台 Kakao Games。此外并购还包括美国两家知名游戏辅助公司:Kamcord(游戏视频录制)和 RunWilder(游戏人物设计)。

在手游领域腾讯也是产业链式收购。2014 年,向韩国 CJ E&M 子公司 CJ Games 投资 5 亿美元。CJ Games 是著名的手游开发商,其开发的游戏曾长期位居韩国各大排行榜前列,《天天富翁》《全民砰砰砰》均为腾讯代理的该公司产品。在此次收购交易中,CJ Games 还将合并 CJ E&M 旗下的游戏发行部门 Netmarble,腾讯自主研发的手游之后可通过此渠道进入韩国市场。此外,腾讯 2012 年以 4.03 亿元收购了韩国 Kakao 13.84% 股份,2018 年追加领投的其子公司 Kakao Games 也是韩国知名游戏渠道商。

获取控制权,独立运营。我们分析腾讯一系列并购动作后认为,腾讯并购的核心策略并非专注于获取游戏代理权将国外知名游戏引入中国,而是投资已初具规模或有代表产品及平台的企业,获取一定且非多数股权后再观察其发展,若符合预期则进一步追加投资以获取公司控制权。2015 年,腾讯投资手游公司 Pocket Gems 6000 万美元,获得 20%股权。之后 Pocket Gems 的《Episodes》《War Dragons》两款游戏进入美国游戏收入榜单前 50 名。2017 年 5 月,腾讯又追加 9000 万美元投资 Pocket Gems,持股比例增至 38%。但是这两款游戏尚未有进入中国市场的相关计划。另外,腾讯并不打算插手并购企业的经营管理,其核心目的在于搜寻已获得一些成就、投资潜力较大及专业能力较强的欧美游戏企业,在投资后会使其独立运营。

四、网易入股 Bungie

网易对知名游戏开发商 Bungie 注资 1 亿美元,这次投资意味着网易正式开启了"产品出海+资本出海"的战略。在此之前,网易已与动视暴雪等海外游戏公司有过不少合作。2018 年网易就代理了不少海外游戏厂商产品,比如与 KONAMI 合力打造的《实况足球》和《实况:王者集结》两款足球手游,Fireproof Games 两款解密游戏《迷室 3》和《迷室:往逝》等。

细数网易近年重要的海外投资,作为国内游戏市场第二巨头的网易在海外投资和收购的动作频率远低于头号竞争对手腾讯,见表 8-3。2018 年一季度财务报告显示,网易一季度净利润同比大幅减少 69%至 13.37 亿元,游戏业务收入同比减少也达到 18.39%,为 87.67 亿元,其中手游业务收入 62.9 亿元,下滑幅度超过 20%,一季度财务报告不及预期。

表 8-3　2015 年以来网易重要海外投资

时间	事件
2015 年 12 月	250 万美元投资芬兰游戏开发商 Reforged Studios。
2016 年 9 月	参与 VR 直播公司 NextVR 总额为 8000 万美元的 B 轮融资。
2017 年 11 月	参与《精灵宝可梦 Go》开发商 Niantic 总额 2 亿美元的 B 轮融资。
2018 年 6 月	一亿多美元收购知名游戏开发公司 Bungie 的部分股权。

来源：公司公告整理、长江证券

IP 资源匮乏，网易寻求支援。自手游市场爆发以来，网易取得持续成功的手游产品多为端游 IP 移植。2018 年一季度收入榜前十的四款网易游戏中，《梦幻西游》《大话西游》《倩女幽魂》等三款是发行时间超过两年且为端游 IP 移植的产品，如表 8-4 所示，这证明传统 IP 本身依然具有十足的吸引力外，但也从侧面反映了公司的创新能力衰退，IP 资源正在枯竭。另一方面，网易两款重要产品《阴阳师》《倩女幽魂》收入显著下滑，手游业务营业收入压力巨大。在此背景下，投资 Bungie 已成必然。

表 8-4　2018 年 4 月国内手游流水排名

排名	游戏名称	排名变动	第一季度全平台流水（亿元）
1	《王者荣耀》	——	40+
2	《QQ 飞车》	新进	20+
3	《梦幻西游》	−1	14+
4	《奇迹 MU：觉醒》	新进	10+
5	《楚留香》	新进	8+
6	《倩女幽魂》	−3	7+
7	《大话西游》	−2	5+

续表

排名	游戏名称	排名变动	第一季度全平台流水（亿元）
8	《乱世王者》	−1	5+
9	《Fate/GO》	+8	5+
10	《穿越火线》	+10	5+

来源：伽马数据、长江证券

从投资风格来看，网易的投资是在做好自主研发产品的前提下，与更优质的对手联手，共同研发产品。另外，网易在投资时比较看重被投资企业的基因和产品积淀。作为成立 20 年之久的老牌游戏厂商，Bungie 在游戏运营周期和保留用户黏性方面有独到的理解和经验，其《光环》和《命运》两大系列产品在世界范围内拥有众多玩家，并且持续贡献流水能力超强。网易投资 Bungie 的出发点就是希望联手开发手游，而且双方目前已经达成一致，将合力开发一个新的 IP。

重量级联盟初见雏形，或成网易进军国际市场跳板。Bungie 与动视暴雪有着紧密的合作关系，《命运》和《光环》都是由动视暴雪发行，而动视暴雪正是《魔兽世界》开发商暴雪娱乐的母公司，同时暴雪娱乐又是网易合作最紧密的海外游戏公司。因此，网易此次投资 Bungie 在一定程度上拉近了各个相关公司的关系，一个由网易、暴雪娱乐、动视暴雪、Bungie 组成的游戏联盟已初见雏形。若能促成该联盟正式成立，对于网易而言，不仅能够引入重量级 IP，同时也拥有了国际游戏市场的发行渠道，另外还能借鉴游戏开发领域的经验和技术，该联盟或成网易进军国际市场的跳板。《使命召唤》《魔兽世界》等殿堂级 IP 目前尚未有开发手游的计划，未来网易或在游戏开发和代理方面扮演重要角色。但与网易自身产品如《梦幻西游》等 IP 相比,将 3A 大作移植成手游难度大很多,而且考虑到暴雪公司对 IP 开发的严格管控,这些巨型 IP 的手游移植在短期内还是难以实现的,因此我们认为,网易对外投资合作短时间内不会对财务数据有明显提升,有待观察公司下一步行动。

五、游族网络收购 Bigpoint

游族网络此次收购主要目的是为了拓展海外游戏市场,获得 Bigpoint 的研发和 IP 资源。

通过此次收购,游族网络不仅可以拥有 Bigpoint 的成熟研发团队,还可以获得其在全球的知名 IP 资源。

Bigpoint2002 年在德国汉堡成立,是一家欧洲领先的电脑和手机游戏的开发商及运营商。Bigpoint 不仅有丰富的游戏运营和开发经验,还拥有诸多知名 IP 资源。Bigpoint 的游戏类型丰富多样,包含动作、休闲、策略、大型多人在线角色扮演游戏(MMORPG)和体育竞技等诸多类型。截至 2015 年底,Bigpoint 共有 60 款游戏产生收入,旗下已经有多款页游注册用户在 3000 万以上,其中《龙歌 OL》(Drakensang Online)注册用户 3277 万,《海战英豪》(Seafight)注册用户达到 4255 万,《黑暗轨迹》(DarkOrbit)注册用户更是高达 8255 万。此外,Bigpoint 还将诸多知名 IP 揽入旗下,并围绕这些 IP 打造多款游戏,如《冰河世纪 OL》《太空堡垒:卡拉狄加》《环球怪兽》等。2016 年推出了围绕知名顶级 IP 打造的游戏产品《冰与火之歌:权力的游戏》。

从 2015 年开始,游族网络开始提出全球发行 2.0 模式,进行研运一体化升级,高度重视玩家的娱乐偏好,在立项阶段引入海外优秀研发团队,并深入分析玩家的游戏数据,设计出符合玩家偏好的游戏产品。Bigpoint 拥有丰富的游戏开发经验,开发过多款欧美地区的畅销经典游戏,收购这样的企业,对于游族把握欧美地区玩家需求,升级全球发行 2.0 有极大的帮助。

此次收购对于游族网络进军国际市场具有比较明显的帮助。首先,Bigpoint 对于当地玩家的需求理解会更加深入,这将帮助游族网络制作贴近当地玩家需求的游戏,更好地服务全球市场。其次,Bigpoint 的团队在游戏的开发和发行上具有丰富的经验,这将有效帮助游族网络开拓欧洲市场,游族在《女神联盟 2》的发行中已经开展了与 Bigpoint 在德、法、西、葡的联运,Bigpoint 将成为游族网络在欧洲游戏发行的重要据点。再次,Bigpoint 获得的顶级 IP 将有效弥补游族网络在这方面的缺陷,2016 年 Bigpoint 推出了《冰与火之歌:权力的游戏》页游。

从游族网络的收入可以看出,游族网络一向对海外收入比较重视。2015 年海外和国内收入已经达到各占 50% 的水平了,如图 8-20 所示,到了 2017 年,海外游戏收入达到 19.68 亿元,占总营业收入 60.82%,如图 8-21 所示。从并购效果来看,游族此次并购对于其提升海外游戏业务收入效果非常明显。

六、三七互娱收购 SNK Playmore

2015 年 8 月,三七互娱发布公告称,与东方证券旗下东方星晖并

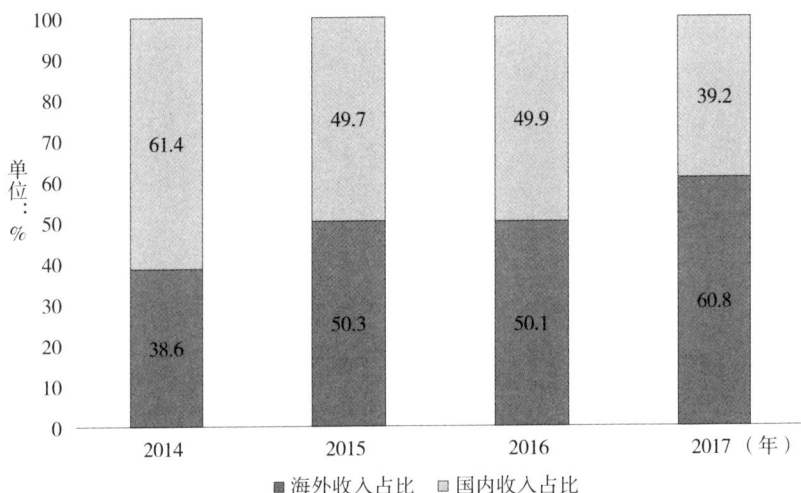

图 8-20 2014—2017 年游族网络分地区收入占比

来源:公司财务报告、长江证券

购基金联合收购日本知名游戏公司 SNK Playmore 81.25%股权,交易
作价 6350 万美元(约合 3.9 亿元人民币)。SNK Playmore 是一家日本
游戏制作开发和销售公司,曾出品《拳皇》《侍魂》《合金弹头》等著名
游戏,其游戏机设备业务也曾表现不俗,被誉为游戏行业殿堂级公司。
2001 年 10 月,SNK 与 Playmore 合并为 SNK Playmore 公司。目前,SNK
Playmore 持有《拳皇》《侍魂》《合金弹头》《饿狼传说》等两百多个重量
级的 IP。现在《拳皇》《合金弹头》等系列游戏的搜索指数依旧保持较
高水平,足见 SNK Playmore 游戏的巨大影响力。

三七互娱 2014 年开始积极布局海外市场,公司海外收入不断提
升,如图 8-22 所示。2014 年公司海外收入仅有 0.32 亿元,2017 年海
外收入已达到 9.2 亿元,如图 8-23 所示。目前三七互娱在海外的品牌

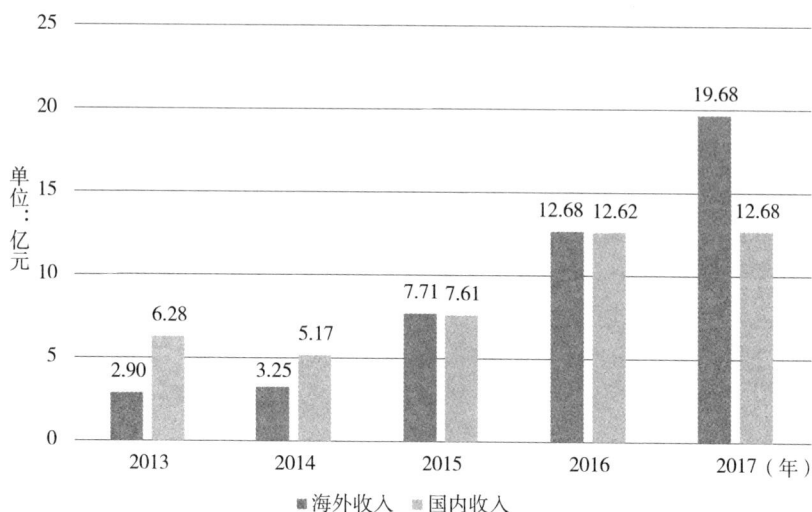

图 8-21　游族网络收入构成

来源:公司财务报告、长江证券

包括韩国市场的 PUPUGAME 平台、泰国的 GMTHAI 平台、东南亚地区的 Ujoy 平台和以 37.com 为统一域名的 37GAMES 国际平台。公司之前在海外页游市场已经积累了多年的经验,在此基础上,进一步在移动端发力,利用积累的资源在海外发行手游,完善海外产品结构,海外收入水涨船高,旗下平台的国际影响力进一步得到提升。

收购 SNK Playmore 符合公司发展战略。游戏业务方面,该公司坚持平台化发展,主要是以自主发行游戏的方式扩展海外市场,通过投资入股 SNK Playmore 等海外游戏公司,向产业链上下游拓展,同时利用 SNK Playmore 优质的研发能力,提升自身储备游戏供给能力,合作开发游戏开拓海外手游市场。另外,三七互娱一直着力布局泛娱乐行业,持续储备优质 IP,并与芒果传媒、奥飞动漫等多家娱乐传媒公司达成

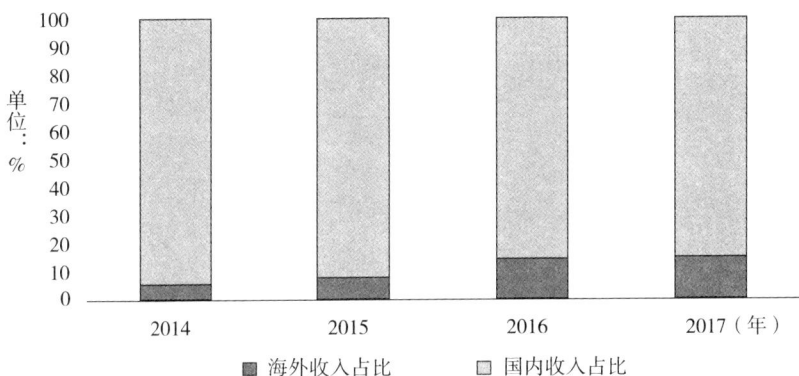

图 8-22　2014—2017 年三七互娱地区收入占比

来源：Wind、长江证券

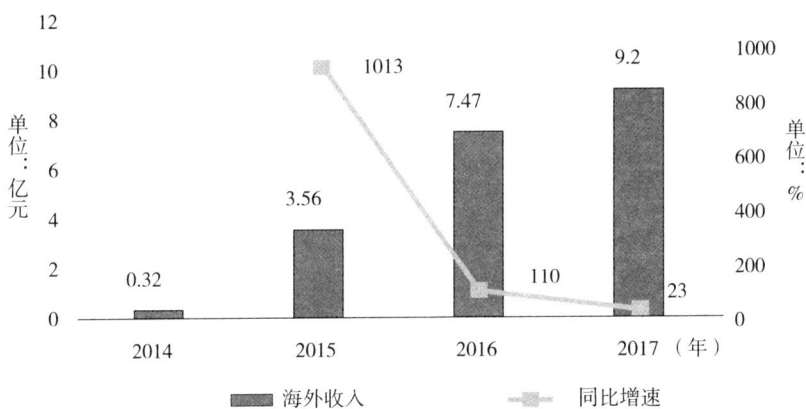

图 8-23　2014—2017 年三七互娱海外收入及同比增速

来源：Wind、长江证券

战略合作关系，将围绕 IP 打造全方位泛娱乐生态产品。而 SNK Playmore 具备《拳皇》《侍魂》《合金弹头》《饿狼传说》等两百多个重量级的 IP，收购 SNK Playmore 将极大地丰富三七互娱优质 IP 储备，有利于公司泛娱乐多元化战略的发展。

第四节 总结与建议

在当前国内移动互联网人口红利消失,游戏竞争环境日益激烈的情况下,游戏出海成了很多游戏公司的选择。对于一些中小游戏公司,国内市场已经很难从腾讯、网易中寻求突破,如果不出海很可能意味着出局。如果企业要实现游戏出海,或者提升海外收入占比,最快的方式就是收购一家国外的游戏公司。国外的游戏公司对于当地玩家的需求、本地文化都有更加深刻的理解,有更加丰富的国外游戏运营经验,可以帮助国内游戏产品向海外推广,同时也能获得优质的国外 IP 资源。

同时,国内巨大的游戏市场也让国外的游戏企业非常希望进入国内的游戏市场。相比于国内企业制作的游戏,欧美等发达国家的游戏行业发展更加成熟,制作更加精良,国内很多热门游戏都是从国外引进的。在进入国内游戏市场的过程中,往往需要寻求中国的游戏代理公司。对于腾讯这样的游戏大厂商,往往不仅想要取得代理权,有时候更加希望能直接收购国外的游戏公司,或者能参股。收购的好处主要是能独占代理游戏的收益,不用跟其他股东分享收益,而且沟通更加便利,还能享有对方优质的 IP 资源,围绕游戏举办各类电竞赛事。

在收购的过程中,国内企业需要思考对方业务与公司现有业务的协同效应,重点关注那些能与公司形成优势互补的游戏公司。在这一点上腾讯社交和渠道的优势对于国外的游戏企业具备极强的吸引力,对于游戏的推广有非常强大的作用,国外很多游戏企业被收购时,也更加倾向于被腾讯收购。

同时,也要看到国内很多企业的海外并购很可能仅仅是蹭热度或者单纯觉得游戏赚钱,与本身的业务并没有什么关联。例如,中国的一家矿业公司收购《Runescape》的开发商 Jagex,收购《边缘战士 Brink》开发商 Splash Damage 的是一家以鸡肉为主营业务的中国公司。很难看出来这些公司对于被收购的游戏企业之间能产生协同效应。

另外,国内的企业在收购的过程中,也要注意相关的风险。一款游戏的成功往往有偶然性,开发出一款爆款游戏并不意味着接下来也可以持续开发出爆款游戏,游戏市场具有较大的不确定性。《愤怒的小鸟》的开发商 Rovio 在推出这款爆款游戏后,并未能再推出其他现象级的产品。如果仅仅是因为一款游戏热门就去收购,很可能在游戏热度退去之后公司收入大幅下降,成为一个失败的收购案例。

第 九 章

信息安全[①]

信息安全是当今世界国家、企业和个人都高度关注的话题,尤其是在全球贸易保护和民族主义抬头的大形势下,拥有自主知识产权的信息安全体系架构至关重要。

第一节　信息安全威胁日益扩大

"棱镜门"事件彰显了国家主权力量在信息安全领域的直接参与和警醒全球未来信息战的严峻威胁,据估算,美国在"棱镜门"事件期间利用网络信息对我国的攻击成功率高达 75%。英特尔、AMD 芯片底

[①]　本章特邀方正证券研究所安永平、翟炜、王健辉、付然、丁诚主笔。

层漏洞曝光,且存在后门风险,引发信息安全网络攻击武器设计的潜在威胁。全球安全事件频出,攻击由自发分散式转向有组织有目的行为。表 9-1 对 2013 年以来的重大信息安全事件进行了总结。

表 9-1 2013 年以来国外重大信息安全事件

时间	事件	内容
2013 年 6 月	棱镜门	棱镜计划是美国 2007 年起实施的绝密电子监听计划,要求威瑞森公司提供私人电话记录,另外包括微软、雅虎、谷歌、苹果等在内的九家国际网络巨头皆参与其中。
2014 年 1 月	韩国信用卡信息被盗	由于受到黑客攻击,韩国至少 2000 万银行和信用卡用户的个人信息数据被泄露,这是韩国历史上最严重的数据泄漏事件,波及 40% 的人口。
2014 年 9 月	iCloud"艳照门"	黑客利用苹果 iCloud 云盘系统漏洞,非法盗取众多全球当红女星的裸照,在网络论坛上发布。
2014 年 10 月	摩根大通客户数据泄露	由于受到黑客攻击,美国资产规模最大的银行摩根大通 7600 万个人及 700 万企业客户相关信息被泄露。
2014 年 11 月	索尼影业被黑	索尼影业系统被黑客挟持,要求索尼影业满足其"条件",否则将公布其秘密信息。
2015 年 2 月	医疗机构 Anthem 被攻击	Anthem 被攻击是美国有史以来最大的医疗信息泄露事件,泄露了 8000 万个人信息。
2017 年 5 月	WannaCry 勒索软件全球爆发	新型"蠕虫式"勒索软件 WannaCry 爆发,席卷了全球包括中国在内的 99 个国家。中国部分行业企业内网、教育网规模化感染,教学系统、校园一卡通系统等瘫痪。英国多家医院中招,病人资料威胁外泄。此外,俄罗斯以及整个欧洲均受到影响。该病毒要求只有缴纳高额赎金(有的要比特币)才能解密资料和数据。

来源:方正证券

中国企业遭遇的信息安全攻击增速明显高于全球平均水平。据普华永道《2017 年全球信息安全状况调查》显示,在全球平均水平略微有降的情况下,仅 2016 年,中国企业监测到的信息安全事件高达 2577件,是 2015 年的两倍。

第二节　政策助力行业加速发展

美、德、英、法等国纷纷出台了国家网络安全战略,采取包括外交、军事、经济等在内的多种手段保障网络空间安全(见表 9-2)。

表 9-2　各国出台的网络安全相关政策

国家	名称	性质	主要内容
美国	《提升关键基础设施网络安全行政命令》	行政命令	要求美国联邦政府部门与其安全供应商之间维持良好的信息共享机制。
	《2013 年边境巡逻员薪资改革法案》	法案	提升网络安全专家薪资待遇,提升政府部门和私营机构网络安全人才的收入水平。
	《2014 年国家网络安全保护法》	法案	奠定联邦政府和私营机构网络安全威胁信息共享的法理基础。
	《2014 年网络安全框架》	行政命令	加强政府和私营机构合作,发挥安全企业在保障关键基础设施安全方面的重要作用。
	《2014 年增强网络安全法》	法案	明确企业等私营部门在联邦网络安全研究和发展计划中的作用,加强公私合作;明确提出通过设立奖学金、开展竞赛等方式优化安全人才培养机制。
	《2015 年网络安全战略》	战略	强调政府与私营部门,尤其是 IT 企业合作的主旨不变。
	《2015 年网络空间行动计划》	行政命令	要求政府定期对各企业的安全技术团队进行能力培训和测试。
英国	《2011 年英国网络安全战略》	战略	鼓励技术创新,帮助企业拓展海外市场。

续表

国家	名称	性质	主要内容
欧盟	《安全网络计划》	计划	信息安全意识普及和安全人才培养。
日本	《2013 年网络安全战略》	战略	明确产业发展目标,要求政府采购,市场规模翻倍,信息安全人才缺口减半。
澳大利亚	《网络安全战略》	战略	将"企业—政府伙伴关系"列为重点战略措施。

来源:方正证券

　　中国高度重视信息安全行业,以国家安全委员会成立为标志和起点,最核心的政策制定与管理机构和根本法律体系已经建立起来。相关政策梳理见表 9-3。信息安全等级保护制度是信息安全政策落地的基础,2017 年进入 2.0 时代,除了包含之前的计算机信息系统,还包含网络安全基础设施、云计算、移动互联网、物联网、工业控制系统、大数据安全等对象。

表 9-3　国家信息安全建设举措

时间	内容
2013 年 11 月	国家安全委员会成立。
2014 年 2 月	中央网络安全和信息化领导小组成立,提出没有网络安全就没有国家安全。2018 年 3 月改为中国共产党中央网络安全与信息化委员会。
2014 年 5 月	中央网络安全和信息化领导小组办公室发布《加强党政机关网站安全管理的通知》。
2014 年 5 月	中央国家机关政府采购中心要求政府机关所有计算机产品不允许安装 Windows 8 操作系统。
2015 年 3 月	政府采购名单调整,外国科技产品数量下降 1/3,删除苹果/McAfee 和思科等外国企业,增加上千种本土品牌。

时间	内容
2016 年 7 月	中共中央办公厅、国务院办公厅印发《国家信息化发展战略纲要》。
2016 年 11 月	全国人民代表大会常务委员会发布《中华人民共和国网络安全法》。
2016 年 12 月	《国家网络空间安全战略》发布,顶层设计完成。
2017 年 5 月	《网络产品和服务安全审查办法》第二条,关系国家安全的网络和信息系统采购的重要网络产品和服务,应当经过网络安全审查。
2017 年 6 月	中央网络安全和信息化领导小组办公室发布《国家网络安全事件应急预案》。
2017 年 12 月	工信部发布《工业控制系统信息安全行动计划(2018—2020年)》。

来源:中国政府网、方正证券

第三节 行业趋势与竞争格局

一、市场空间近千亿美元规模

严峻的网络安全形势驱动国际安全市场的快速增长,预计 2018 年市场规模将近千亿美元。根据中国产业信息网报告,2016 年全球信息安全行业规模达到 816 亿美元,保持年增速 7.9%,如图 9-1 所示。北美地区和西欧地区合计份额达 69%,领先优势明显,如图 9-2 所示。相较于发达国家,中国还有很大的提升空间,但随着相关政策的落地及资金流入,未来市场发展规模可期。如图 9-3 所示。

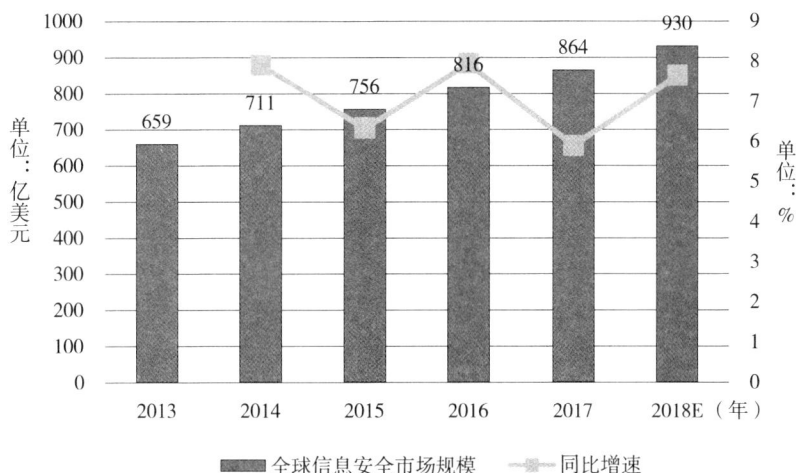

图 9-1 全球信息安全市场规模及同比增速

来源:中国产业信息网、方正证券

如图 9-4 所示,安全服务占全球信息安全市场最核心地位,安全硬件产品占比最低,与中国市场现状截然相反。根据盖特纳(Gartner)的划分,网络安全包括身份访问管理、基础设施保护、网络安全设备、安全服务、消费者安全软件五大类,其中安全服务是最大的领域,2017 年为 530.65 亿美元,占整个安全领域的 59.94%。

二、中国信息安全行业高增长

中国信息安全行业 2013 年开始进入高速发展阶段,但相比全球主要国家,安全支出占比仍处于较低水平。中国信息安全市场规模预计 2015 年至 2020 年的年均复合增长率保持在 20.6%,到 2020 年达到 68.4 亿美元,如图 9-5 所示。

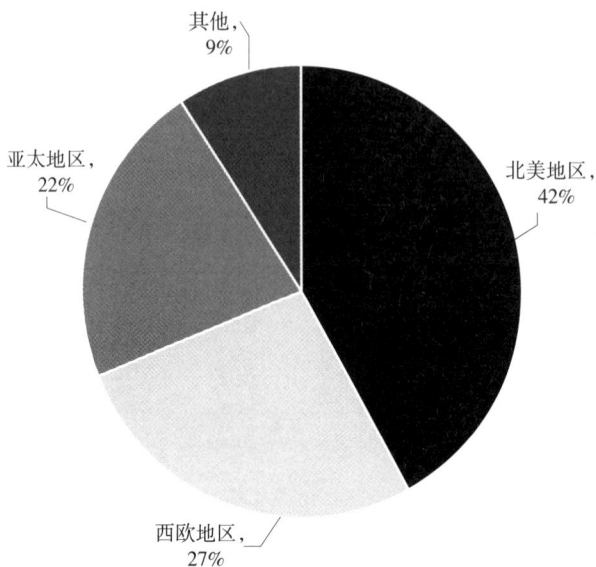

图 9-2　全球信息安全市场构成

来源:中国产业信息网、方正证券

　　行业细分领域较多,龙头企业市场占有率低,行业集中度低,安全硬件产品的市场规模占比最大。信息安全产品可分为硬件产品、软件产品和服务三大类。预计短时间内国内市场仍会被安全硬件产品所主导,这样的产品结构也反映了我国网络安全建设仍在发展阶段。

三、信息安全需求不断扩大

(一) 云安全领域

　　IT 基础设施云化迁移带来长期商业模式变革,安全即服务(SEaaS)有望成为新的发展趋势。安全云服务是一种订阅性质的服务

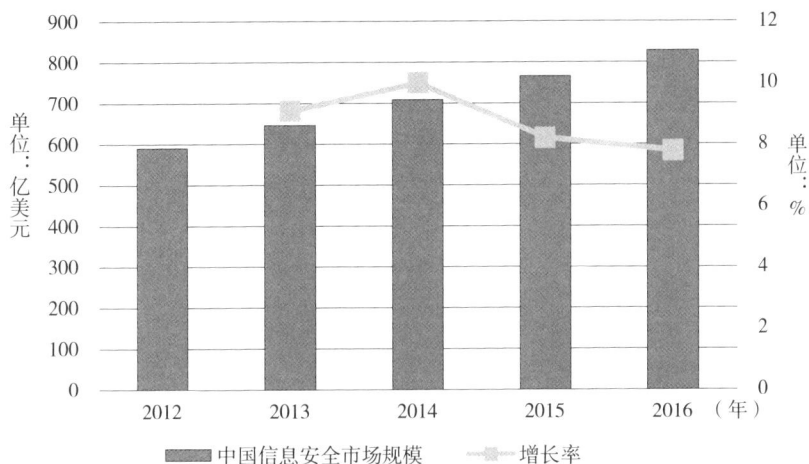

图 9-3　2012—2016 年中国信息安全市场规模

来源:IDC、方正证券

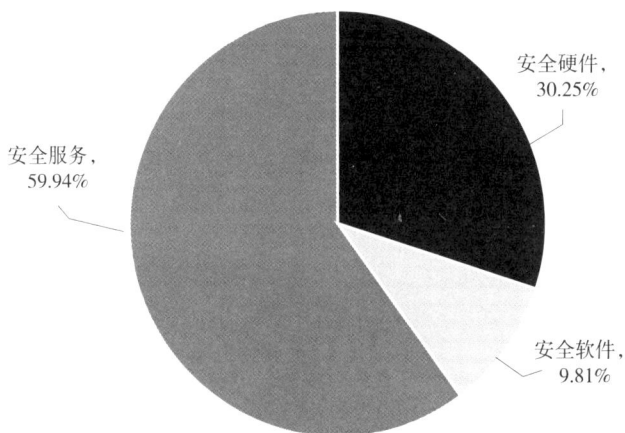

图 9-4　2017 年国际安全产品占比情况

来源:前瞻产业研究院、方正证券

模式,按量收费。企业无须为网络安全建立专业的安全团队,可以有效地节省企业成本。此外,云安全服务商拥有专业的安全团队,采用专业

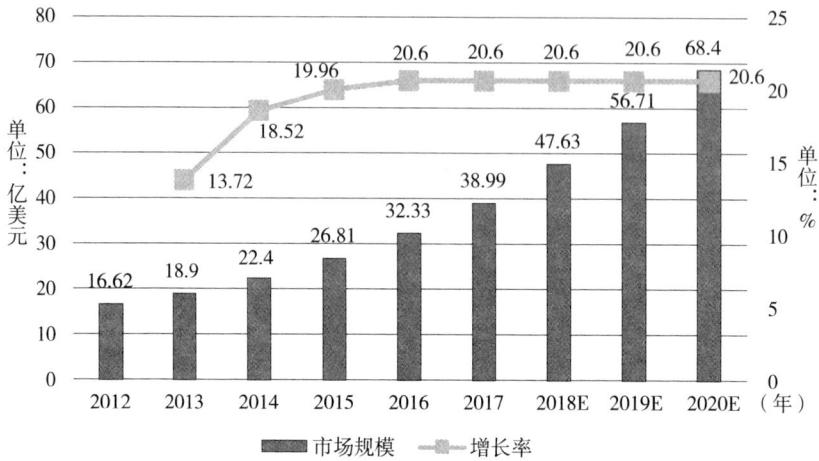

图 9-5　2012—2020 年中国信息安全行业市场规模及预测

来源：智研咨询、方正证券

安全工具有力保障网络安全,能够实现 24 小时监控,发现问题及时处理,将企业损失降低至最小,提高了企业安全维护的效率。

海外云安全市场已经兴起,增速高于云计算市场的增速。2013—2017 年,云计算市场规模增长率如图 9-6 所示,云安全市场规模增长率如图 9-7 所示。

国内云安全市场正处于高速发展期。2014—2016 年云安全市场规模分别为 9.8 亿元、12.8 亿元和 18.2 亿元,同比增速分别为 21.3%、30.6%和 42.2%,行业正处高速增长趋势。

（二）工控安全领域

工业互联网发展倒逼工控安全加速。2010 年"震网"病毒攻击伊朗核工业控制系统,让全球第一次认识到工控安全的重要性。我国工

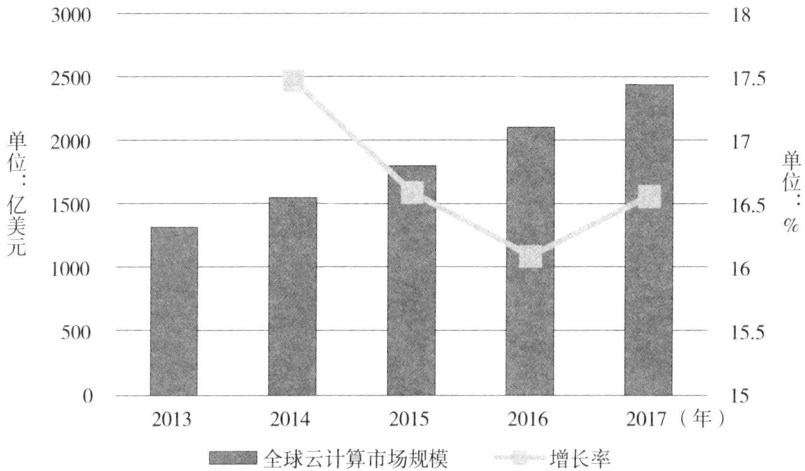

图 9-6　2013—2017 年全球云计算市场规模及增长率

来源：Wind、方正证券

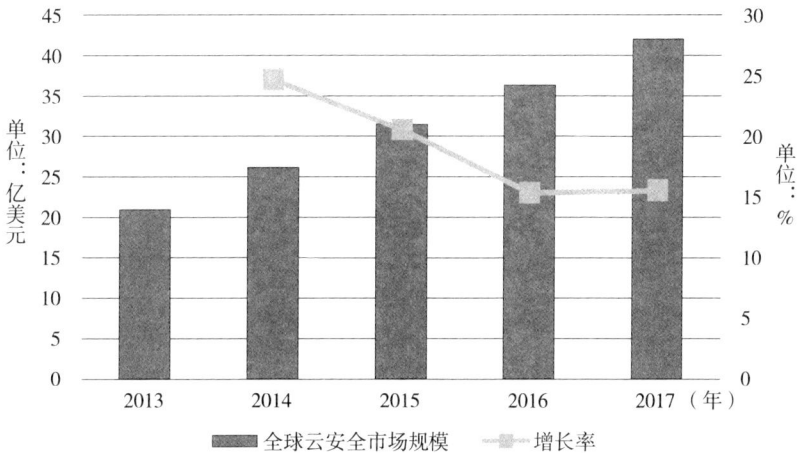

图 9-7　2013—2017 年全球云安全市场规模及增长率

来源：Wind、方正证券

控系统联网数目持续增加,2016 年底我国联网工控设备达 1100 个,每年新增工控漏洞数量也在增加。

第四节　自主可控实现本质安全

建立整个 IT 架构的零部件如芯片、存储和基础软件如操作系统、数据库等,如果不能做到最底层的可信和控制,则等于地基不牢,发展自主可控的半导体芯片、基础软件、应用软件,实现本质安全,是信息安全行业必不可少的一环。

一、自主可控产品逐步成熟

芯片自主可控替代空间巨大。从芯片进口替代市场角度估算,2018 年国产芯片市场规模在 450 亿元以上,考虑 2018 年至 2022 年这五年的存量市场替代,那么市场总规模达 2250 亿元以上;从政务信息化替代市场角度估算,据初步测算,2018 年自主可控计算机产能有望达到 200 万台,按照每颗芯片价格 2000 元计算,2018 年国产芯片市场替代空间达 40 亿元。

发展自主可控产品势在必行。在中美贸易摩擦的大背景下,发展自主可控产品在国家战略层面上势在必行,诸多自主核心技术产业为未来大规模国产化替代奠定坚实基础。

二、主要发展情况

（一）自主可控芯片

我国芯片研发已进入多技术路线同步推进的高发展阶段,并因发展模式和技术特性的差异而呈现不同的发展特色,其中领导厂商为龙芯、申威、飞腾、兆芯,指令体系分别为 MIPS、Alpha、ARM、x86。

飞腾:主要致力于高性能、低功耗集成电路芯片的设计、生产,核心研究团队为国防科技大学计算机学院。飞腾购买了 ARM 自主化程度最高的架构授权,可进行自主 CPU 基础架构的研发。其最新发布的 FT-2000/64 是国内自主设计的第一款 64 核通用处理器,可实现对英特尔中高端"至强"服务器芯片的替代。

兆芯:上海市国有资产监督管理委员会、台湾威盛电子股份有限公司合资成立上海兆芯,威盛电子股份有限公司是除英特尔、AMD 之外,唯一一家拥有 x86 架构授权的公司,也是除高通之外,唯一一家拥有 CDMA 基带授权的公司。兆芯的技术源自威盛(VIA),走的是技术引进、仿制,再修改原始设计,最后自主创新的道路。尽管自主程度不如其他三家企业,但合作开发意味着国内企业可以直接获得 CPU 的原始代码并检查其中是否存在后门,因此能满足关键部门基本的信息安全需求。目前兆芯已推出 3 代 CPU 产品。

龙芯:主要研发团队为中国科学院计算所,指令集和微结构均是自主设计,拥有完全的自主知识产权。龙芯成功包揽了我国三项 CPU 界的"首款"称号——我国首款通用 CPU（龙芯 1 号）、我国首款 64 位通用 CPU（龙芯 2B）、我国首款四核 CPU（龙芯 3A）。

申威：申威处理器在国家"核高基"重大专项支持下、由上海高性能集成电路中心研制的全国产处理器。在第 47 届世界超级计算机大会上公布的排名中，名列第一的是我国"神威·太湖之光"计算机系统，该系统全部采用了申威 26010 芯片，该芯片采用 64 位自主指令系统，单芯片集成 260 个核心，核心工作频率达到 1.5GHz，峰值运算速度达到每秒 3.168 万亿次双精度浮点结果。①

（二） 操作系统

兼容性一直是国产操作系统能否成功应用、推广的关键因素。从红旗 Linux 的失败来看，只有具备良好的兼容性方能在产业生态中凭借自身"造血"得以生存和发展。目前我国发展得最为成熟的操作系统是中国电子旗下中标公司的麒麟操作系统，尽管麒麟操作系统软件生态贫乏，在民用市场还难觅踪影，但在党政军市场已得到一定程度的推广和应用。

（三） 国产数据库

中国电子旗下的武汉达梦数据库有限公司专业从事数据库管理系统与数据分析软件的研发、销售和服务，是国家规划布局内重点软件企业，产品已覆盖公安、电力、航空、金融等三十多个行业领域，连续五年

---

①　中华人民共和国科学技术部：《申威处理器　中国超算最强芯》，2016 年 6 月 29 日，见 http://most.gov.cn/kjbgz/201606/t20160628_126168.htm。

国产数据库市场占有率第一。

（四）中间件

东方通是国产中间件标杆性企业，多年来业绩快速增长，其2009—2016年间营业收入、净利润年均复合增长率分别为30%、32%。从市场份额来看，东方通科技占比9.7%，排名第三，IBM和甲骨文两巨头依然占据了市场前两位。

（五）办公软件

以金山软件WPS Office为代表的国产办公软件套件近年来也渐渐崛起，并逐渐替代微软Office软件。据公司官网2018年报道，WPS Office在2015—2017年新增的政府、中央企业、金融行业市场分别占有70%、75%、67%的市场份额。同时，WPS Office的企业级用户几乎囊括了国家重点领域的一线企业，包括国务院国有资产监督管理委员会、外交部等政府部门及国内五大银行等金融机构。

（六）国产软件业成长空间巨大

据Wind数据，全球企业软件支出持续增长，2016年达3320亿美元，2007—2016年间的年均复合增长率为7%。考虑2017—2019年的国产软件建设、替换期，进行2019年国产软件替代规模的敏感性分析，如表9-4所示。2016年全球企业软件支出为3320亿美元，同比增长5.75%，假设保持5.75%的增长率持续增长，则2019年全球企业软件支出将达3926亿美元。假设Wintel联盟所占份额为65%（根据市场研究公司 Canalys 统计数据)、2019 年国产软件替代 Wintel 比例为 10%,则 2019 年国产软件替代 Wintel 软件规模将达 255 亿美元,行业成长空间巨大。

表 9-4 2019 年国产软件替代 Wintel 规模敏感性分析

年份	2015	2016	2019E
全球企业软件支出(亿美元)	3139	3320	3926
年增长率(%)		5.75	
Wintel 联盟 PC 份额(%)	65	65	65
Wintel 联盟软件收入(亿美元)	2041	2158	2552
2019 年估算	悲观	中性	乐观
国产软件替代 Wintel 比例(%)	7	10	15
2019 年国产软件替代规模(亿美元)	179	255	383

来源:Wind、Canalys、方正证券

第五节 国内外相关融资并购情况

如图 9-8 所示,2017 年全球网络安全公司融资的资金量是 2016 年的两倍,达到 76 亿美元,与网络安全相关的投资活动数量也增长到 548 笔,网络信息安全行业在政策、需求、资本的推动下将迎来更加快速稳定的发展,顶层设计更加清晰,行业规模不断增长,资本的持续投入将助力行业整合加速发展。

武岳峰资本联合亦庄国投、华创投资等收购美国芯成半导体(ISSI)。双方于 2015 年 3 月达成收购协议,但由于美国电子芯片制造

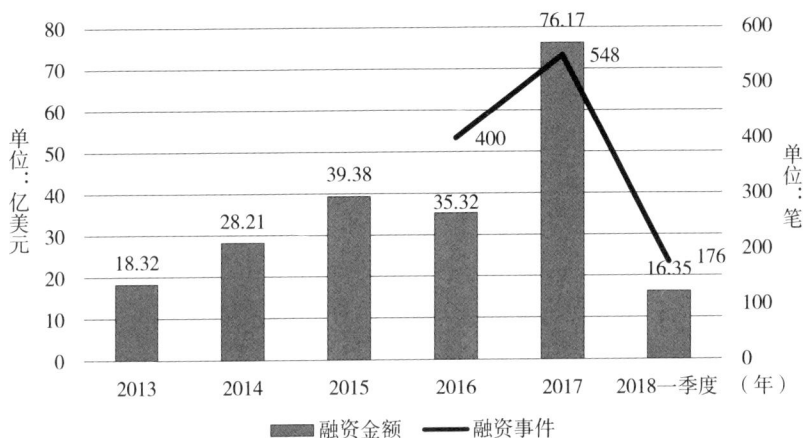

图 9-8　2013—2018 年一季度全球信息安全融资情况

来源：中国产业信息网、方正证券

商 Cypress 竞购，最终收购价格从每股支付现金 19.25 美元提高到 23 美元，交易成交价约 50.6 亿元人民币。芯成半导体（ISSI）成立于 1998 年，总部位于美国加利福尼亚州，是一家纳斯达克上市公司，在全球多地设有办事处，设计并销售 DRAM、SRAM、闪存等高性能存储半导体产品，用于汽车、通信、电子消费、工业及医疗等领域，客户包括松下、博世、大陆集团、飞利浦等诸多国际知名厂商。

第十章

TMT 行业投资并购建议

第一节 投资并购新形势与新挑战

一、海外审核驱严,资金外流管控

2017 年中国监管政策的变化对 TMT 领域的跨境收购呈现利好趋势。2017 年 12 月国家发展和改革委员会正式发布《企业境外投资管理办法》,这是 2014 年 4 月国家发展和改革委员会发布《境外投资项目核准和备案管理办法》,将境外投资管理方式由逐项核准改为备案为主、核准为辅之后,最为重大的一次政策调整。《企业境外投资管理办法》中,与 TMT 领域关系最为密切的有以下几点:

(1)敏感性行业目录尚未发布可参考境外投资行业分类,《境外投资项目核准和备案管理办法》中包含在敏感行业内的"基础电信运营"这一大行业被取消了。

（2）2017 年 8 月发布的《关于进一步引导和规范境外投资方向的指导意见》中对于 TMT 行业部分高新技术收购是大力鼓励的。

国外政策整体对"关键技术"更为关注。国外的监管对 TMT 领域最大的影响集中在技术领域。

在欧盟，2017 年 7 月德国率先通过了《德国对外经济条例》第九次修正案，对非欧盟国家投资者在德国进行的收购制定了新的审查规则，这份新审查规则引入了告知义务、更多的行业领域和更长的审查周期。

以往，除非收购涉及国防等领域，非欧盟投资者在投资时无须告知德国政府，而新的并购审查要求非欧盟投资者在对关键基础设施和安全相关技术进行持股比例在 25% 以上的收购时，有义务通知德国相关部门；相关收购领域包括能源、水资源、营养、信息技术、医疗、金融服务和保险、交通以及关键基础设施、软件、通信拦截、云计算服务和医疗远程信息处理等；德国相关部门的审查期限也从两个月延长到了四个月。

欧盟各成员国均有不同程度的外资审查制度，欧盟委员会于 2018 年 11 月提出框架草案，要求成员国进一步与欧盟委员会共享信息并汇报国家安全审查情况，欧盟委员会主席容克称："欧洲必须始终维护自身的战略利益……我们不是懵懂稚嫩的自由贸易者。我们需要审查外国公司对欧洲战略资产的收购"。①

---

① European Commission，"Commission Welcomes Agreement on Foreign Investment Screening Framework"，2018 年 11 月 20 日，见 http://europa.eu/rapid/press-release_IP-18-6467_en.htm。

美国于 2017 年 9 月阻止了中资企业收购半导体企业莱迪思,2018 年以国家安全和知识产权保护等理由发起了对中兴通讯、福建晋华等公司的制裁,并联合澳大利亚禁止华为参与 5G 建设,至 2018 年 11 月美国商务部公开征集意见修改《出口管制改革法案》,拟对包括人工智能、微处理器、先进计算、数据分析、机器人等 14 类 47 项新兴技术实施出口管制。

总体来讲,以上监管变化对于半导体、通信等行业中企业资跨境并购带来的多为不利因素,但对于文化传媒领域影响相对较小,另一方面部分中资企业并购可能分流到以色列、印度、东南亚等国家和地区。

二、文化整合难、投后管理是关键

根据德勤全球并购数据分析,由于并购后资源、文化、战略整合执行不力导致交易失败占整体失败交易的 53%;由于交易前操作失误,如并购目标和方向判断的失误,未能进行详实的尽职调查等导致并购的失败占整个失败案例的 30%;而真正由于交易谈判导致并购终止的案例仅占整体失败案例中的 17%。中国 TMT 行业海外并购面临的风险主要包括以下四类:

(1)并购目标筛选及估值相关风险。中国 TMT 行业在海外收购面临各种政治和法律风险,各国政府对外资收购或投资有着非常严格的限制,特别是高科技行业,增加了并购目标筛选的难度。此外,虽然中国企业通过收购海外企业获得技术和品牌等无形资产,但支付的价格普遍偏高,高溢价现象严重,而高溢价并购会给中国企业带来很大的经营风险和财务风险。

（2）财务信息及尽职调查相关风险。与国内并购项目相比而言，海外并购在财务信息的提供方式及解读模式上都有所不同，这就要求遵循当地法律法规合理安排尽职调查程序。

（3）交易流程相关风险。中国投资者习惯于国内的交易模式，即并购双方高层之间经过多轮磋商，最后敲定交易，再由具体项目人员完成交易细节。而在国外并购流程中，投资方高层绕过专业财务、法律顾问寻求直接和卖方高层沟通，并提出不符合交易惯例的诉求，会被卖方认为缺乏交易经验和能力，从而产生是否继续交易的疑虑。中国投资者往往不善于规划项目进度，或在早期对重要时间节点缺乏概念，或对卖方所需材料的具体要求等缺乏深刻理解，最终因程序性原因而非报价因素导致项目失败。

（4）海外并购整合风险。对于跨境TMT行业并购，在投后整合过程中将会遇到方方面面的挑战，包括：缺乏整合被并购方所需资源及团队、管理层及团队人员的流失、整个双方的IT系统、企业文化以及薪酬福利的差异。

第二节　投资并购策略

一、深厚的行业知识背景

海外投资并购并非一蹴而就。目前，大多数中国国内企业的海外投资仍然处于相对粗放的阶段,主要表现在缺乏相对深入的行业理解,或过度依赖投资银行等服务中介商的所谓财务分析进行投资决策。

财务分析、尽职调查等常规的投资调查分析手段虽然是不可或缺的部分,但通常一个回报优异的投资项目无法通过尽职调查得到。

一个成功的价值型投资项目通常具备以下特征:一是符合行业的长期发展趋势;二是处于适于进入的行业周期节点;三是企业或被投项目的基本面良好;四是高效的管理团队;五是容易与相关产业(或企业)对接,退出渠道清晰。

其中,对行业的理解是所有判断的基础。缺乏对行业的精准判断,再诱人的财务数据也只是文字游戏。"行业的理解"又可以分为三个层面:首先,需要在宏观层面掌握行业整体的走势,清楚地判断行业是否具有良好的增长前景或者是否存在周期;其次,需要在中观层面判断行业周期的变化,当前是否处于适合进入的周期节点;再次,需要判断所要投资的细分子行业是否对大行业板块具有良好的拉动力,能够为具体的被投企业或项目创造价值提升空间。

行业大趋势的投资,通常能够造就显著成功的优良项目。以孙正义投资阿里巴巴为例,根据公开的新闻报道,孙正义在见到马云几分钟之内即做出了第一笔投资阿里巴巴的决定,并多次追加了投资。貌似这些决定过于冒险,但带给孙正义信心的并非单纯是对马云个人能力的欣赏,而是对中国互联网行业发展的信心。这即是典型的"行业大趋势投资"理念。

孙正义此种理念带给他丰厚的回报。随着阿里巴巴成功在美国上市,孙正义的投资保守估计获得 1000 倍的回报,其他股东们也获得了令市场羡慕的利润。

　　"行业大趋势投资"理念在孙正义的愿景基金（Vision Fund）中得以进一步的贯彻。2017 年，孙正义联合其他投资者成立了规模超过 1000 亿美元的愿景基金，专注投资影响全球产业发展进程的关键性高科技企业。自成立以来，愿景基金已经投资了 GPU 厂商英伟达、联合办公平台 WeWork、英国芯片巨头 ARM、卫星互联网服务企业 Oneweb 等众多行业龙头企业。所投项目数量之多，范围之广，历史罕见。观察愿景基金的投资方式，与当年阿里巴巴项目有异曲同工之意，短期内进行大规模、大数量的投资，几乎可以肯定的是投资团队无法进行详细的尽职调查。这种"撒胡椒面"方式的投资，虽然也受到市场中部分投资人的质疑，但孙正义的逻辑其实基于一个基本的判断，人类社会的发展将会因为科技的带动进行新一轮产业革命，而我们正处于这个奇点到来的前夜，优良创新型企业将会是新一轮产业革命的驱动力。在此环境下，即使缺乏对具体被投企业的详细判断，即使某些企业确实会亏损甚至失败，但顺应趋势的投资将会造就更多的阿里巴巴出现，为基金带来整体很高的收益。

　　孙正义的判断似乎也正在被市场逐步验证。源自 20 世纪 80 年代的 IT 产业革命，催生了互联网，造就了微软、IBM 等新的行业巨头的成功。第一次 IT 产业革命的影响主要表现在信息化、电子化对以往手工操作的解放，但主要的技术仍然需要依附于人类的主导，技术仅仅作为人类生产经营活动的辅助。在人们意识到这个情况之后，过度的 IT 设备开发投入开始趋于理性，20 世纪 90 年代的 IT 泡沫破裂也令资本市场对科技类投资热情逐渐冷却。

然而技术的发展没有停步。进入 21 世纪,厚积薄发的技术研发积累,产生了量变引起质变的效果。AlphaGo 首次战胜人类专业围棋手,SpaceX 低成本可回收火箭及低轨卫星组网技术,电动汽车及自动驾驶的普及,人工智能对各个行业的深度渗透,都深刻地改变着人类的生活。第二次 IT 产业革命的脚步似乎越来越近。此次最为明显的特征是,新技术将不再单纯地依附于人类的主导,而是与人类的活动深度融合,互相影响,与人类共同主导技术与社会的发展方向,共同创造新的生活方式。以医疗图像诊断为例,第一次 IT 产业革命中医生仅仅可以做到利用 IT 设备实现信息的保存、传输与共享,病灶诊断的主体仍然是医生。而随着医疗影像解像度的增高,数据量的增大,大数据技术、人工智能技术已经深度参与到医生的诊断决策过程中,甚至医生需要根据新型技术的出现调整诊断流程,改变诊断方式,甚至在某些领域已经出现了病灶诊断的主体变为系统,医生只作为辅助的场景。

"顺应行业趋势进行投资"应该是一个合格投资者始终严格坚持的投资纪律。虽然国际市场上也有类似"逆向投资"为主题的基金,但大多数真正能够盈利的投资项目都来自行业趋势的驱动。

二、行业趋势判断不是跟风炒作

行业趋势的判断,作为投资标的筛选的基础,是我们对一家企业成长性判断的最根本依据。但市场的情绪却总容易被热点概念扰动,形成跟风投资的浪潮。20 世纪 90 年代的 IT 泡沫、20 世纪初美国房地产投机过热造成的金融危机,即是明显的案例。

尤其对财务投资者而言,由于大多从业人员并非来自实业领域,仅凭基础的数据分析、增长模型以及简单的尽职调查即做出被投企业增长与否的判断,通常容易陷入误区。

来自一线的实业企业投资者(战略投资者)虽然具有多年的行业经验,可以较为冷静地抵抗市场的过热情绪。但当市场整体陷入疯狂的情况下,再冷静的投资者都有可能受市场情绪的影响,被动地拖入泥潭。

这种现象在中国国内的投资领域尤其明显,并且在TMT行业表现最为突出。以人工智能、大数据、云计算为代表的TMT热点投资领域已经呈现估值过高的迹象。以云计算为例,众多的所谓"云计算企业"其实在业务形态和系统投入上并没有实质性的改变,只是将以往的互联网数据处理业务简单地更改了名称,对此类企业的投资应该慎重。坚持"价值投资"是能够长期稳定获得投资回报的基础。

三、产业链上下游收购为主

海外并购与自主研发是产业界经常讨论的话题,尤其是在当前中美贸易摩擦的背景下,自主研发似乎成了我国高科技企业获得技术积累的唯一渠道。但同时应该注意的是,在核心技术以外,TMT行业的上下游产业链中,中国企业仍然存在机会可以通过兼并收购、参控股等方式快速地获取所需技术资源。

首先,TMT 行业特别是高科技企业自主研发不仅需要大量的资金,而且普遍周期较长,在竞争日趋激烈的市场条件下,企业极容易因此错失难得的市场机会。相比之下,通过海外并购来获取企业发展所需要的技术,则具有更好的时效性,尤其是当该项技术对企业发展极其重要而又被申请专利的情况下,通过并购的方式能最直接最有效地实现对技术的获取。

其次,快速获取品牌和渠道优势。和技术研发一样,知名品牌的建立也需要大量人力、物力和财力的投入,尤其是在高度发达和成熟的欧美市场,新品牌的建立极其困难,高额的广告费用和营销费用会使得企业的经营成本大大增加。通过海外并购的方式企业既可以依靠目标企业的品牌效应实现国外市场的突破,又可以绕过贸易壁垒利用目标企业原有的销售渠道开辟海外市场。以联络互动为例,通过并购新蛋网这一专注科技产品的北美地区第二大纯线上电商,双方实现了产品和渠道的优势互补。

最后,实现全球化布局和多元化经营的目标。越来越多的中国科技、媒体和电信公司,通过对外收购境外的成长型企业或参与其股权融资,加大自己的战略和业务发展力度,以期逐渐为企业经营提供潜在战略及财务回报,实现行业多元化、产业全球化、技术先进化的目标。

四、整体品牌收购以中小品牌为主

我国经过多年的产业升级,目前国内企业已经具备了一定的资金实力,更有一些行业龙头企业已经率先走出国门,进行了较大规模的海外并购。但目前世界产业格局中,超大型品牌的企业估值(或市值)大部分已经超过中国企业所能承受的范围,简而言之,"能买的已经买了,还没买的买不起"是一句较为形象的描述。

鉴于此种情况,我们建议在中国企业走出国门进行海外并购时,并非一定规模越大越好,品牌越强越好,而是应该注重实质的收购成效。海外的强势品牌大多已经在中国市场深入经营多年,对中国市场较为了解,这压缩了并购后的价值提升空间。而海外的中小品牌则通常希望进入中国市场,却欠缺有效的渠道或者受限于自身资金实力限制,因此反而并购机会更多。

五、注重灵活的收购手法

灵活地运用创新型金融资本工具进行海外投资并购,是我们一直关注并提倡的方式。以"跨境换股"为例,可以为中国企业海外投资收购提供很大的便利。

(一) 政策规定

商务部、中国证券监督管理委员会、国家税务总局、国家工商行政管理总局、国家外汇管理局于 2005 年 12 月 31 日联合发布《外国投资者对上市公司战略投资管理办法》,为外国投资者在一级市场对已上市公司进行直接投资提供了明确的法律依据和操作指引。根据《外国投资者对上市公司战略投资管理办法》第二条的规定,该办法适用于外国投资者对已完成股权分置改革的上市公司和股权分置改革后新上市公司通过具有一定规模的中长期战略性并购投资,取得该公司 A 股股份的行为。根据其中规定,投资者首次投资完成后取得的股份比例不低于该公司已发行股份的百分之十,但特殊行业有特别规定或经相关主管部门批准的除外;取得的上市公司 A 股股份三年内不得转让。

(二) 并联式审批

为贯彻落实《国务院关于进一步优化企业兼并重组市场环境的意见》(国发〔 2014 〕 14 号),证券监督管理委员会同工业和信息化部、国家发展和改革委员会、商务部等部门,联合制定了《上市公司并购重组行政许可并联审批工作方案》,其中明确:根据实际情况发展改革委实施的境外投资项目核准和备案、商务部实施的外国投资者战略投资上市公司核准和经营者集中审查等三项审批事项,不再作为证监会上市公司并购重组行政许可审批的前置条件,改为并联式审批。

(三) 换股方式

根据商务部《关于外国投资者并购境内企业的规定》(商务部令 2009 年第 6 号)第四章相关规定,外国投资者以股权作为支付手段并购境内公司,系指境外公司的股东以其持有的境外公司股权,或者境外公司以其增发的股份,作为支付手段,购买境内公司股东的股权或者境内公司增发股份的行为。

境外公司股权与境内上市公司换股获得证监会和商务部审批通过的案例很少见,跨境换股的审批流程烦琐,令众多企业尤其是海外并购较为活跃的民营企业望而却步。目前比较成功的案例仅有国有企业航天科技可做参考。

（四）跨境换股的优势

在保证资本不外流的情况下，跨境换股具有一定的简化交易结构的优势。

一是跨境换股是支付跨境并购对价的新方式，有利于中国企业"走出去"，并且能够一定程度上降低企业现金收购的融资成本，减少了资金筹措带来的压力。

二是在目前资本流出，政府严格限制换汇出境的大背景下，跨境换股能够缓解境内资金的出境压力，既消除了资本外流的影响，又能使国内企业抓住并购良机，及时获取海外优质资产。

三是跨境换股能够方便外国的投资者投资中国资本市场，优化中国资本市场的投资者结构。另外，换股的形式能够有效消除外国热钱短期炒作中国市场带来的影响，有利于引导外国投资者对中国进行价值投资和长期投资，对中国资本市场的开放和稳定能够起到积极的作用。

（五）跨境换股的风险

一是跨境换股涉及的合格境内机构投资者（QDII）和合格境外投资者（QFII）的问题。跨境换股后，外方将持有中国境内上市公司的股份。这个此过程中，是否仍然需要申请 QFII 通道？目前看，进入中国资本市场要求外方必须是机构投资者，否则将无法进入。因此，如果未来跨境换股涉及与国外自然人进行换股交易，那么后续外方如何合法持有 A 股股份，以及持有后如何获利退出将会变成问题。同理，如果是海外上市公司跨境换股并购中国企业,换股后中方持有海外上市公司股份是否也要申请 QDII 通道,是需要谨慎讨论的问题。

二是交易对价的公允性问题,尤其是针对国有企业进行跨境换股时需要特别注意与外方换股时的对价问题,否则很容易造成国有资产流失。

在目前严格限制外汇换汇出境的环境下,跨境换股方式对资本市场是利好(可以将 A 股市场的高估值输出到国际市场,降低国内资本市场系统性风险),对境内上市公司境外并购是利好(使得并购手段多元化,发行股份从而避免或者延缓换汇压力),对境外并购资产在国内变现也是重大利好(A 股市场相较于境外资本市场估值较高)。

我们注意到,有关政策制定部门和市场监管部门已经意识到跨境换股模式的有利之处,已经着手开始对审批流程进行简化。

2017 年 7 月 30 日商务部做出关于修改《外商投资企业设立及变更备案管理暂行办法》的决定,其中第七条规定:外国投资者战略投资非外商投资的上市公司,属于本办法规定的备案范围的,应于证券登记结算机构证券登记前或登记后 30 日内办理备案手续,填报《设立申报表》。由之前的审批制改为了备案制,一定程度上降低了跨境并购的难度。

六、双边基金是重要平台

双边基金(或多边基金)在国际政治经济交流中具有独特的作用,

既是政府间合作沟通的窗口,又是民间跨境投资的纽带和桥梁。截至2018 年,日本、俄罗斯、德国、意大利、阿拉伯联合酋长国、东南亚国家联盟、爱尔兰等数量众多的国家都建立了双边基金,借此发挥金融资本优势,扩大国际合作。如果经营得当,双边基金可以做到政治利益与经济利益兼顾,为国家的发展战略提供有力的支撑。

(一) 双边基金的类型及优势

从国际上看,双边基金的出资模式除了标准的私募股权基金(PE)形式之外,也可以采用松散型的投资平台结构。在松散的平台机构中,双方并不成立实体公司,而是针对每次投资机会进行协商,一事一议的方式共同投资。标准的 PE 模式大致分为以下三种类型:

第一种是强势主导方式。起主导作用的一方既作为主要出资方,又作为唯一的普通合伙人(GP)全权负责基金运营管理,另一方纯粹作为财务投资者象征性地参与其中。中非发展基金是其中代表。

第二种是平等决策方式。双方出资比例相近,在管理权限上也相仿。双方同时做 GP,在市场上通过市场化手段召集 LP。中俄投资基金的架构与此类似。

第三种是委托管理方式。双方虽然共同出资,但是委托专业化基金全权进行基金的投资、管理工作,出资方仅作为 LP 分享项目收益。中比股权投资基金即采用此种架构。

在没有主权财富基金的国家,政策性金融机构通常扮演了这个角色。例如,日本国际协力银行(JBIC)与俄罗斯、印度、越南、北美等国家和地区设立了十几个双边基金。

双边基金不是新鲜事物,其在政治、社会、经济活动中所起到的积极正面作用,已经被市场充分证明。

(1)可以促进政治与经济融合,助力国家战略实施落地。经贸融合是多双边外交畅通的最有利保证。双边基金的管理顾问团队通常在两国的政治、经贸界拥有广泛的人脉,某些基金的投资顾问甚至是卸任的国家领袖级人物,在项目搜寻,投后整合管理中的作用不言而喻。双边基金的跨国人员交流也起到了"民间大使"的作用。

(2)可以起到产业示范作用,能够以点带面。双边基金在政府的支持下可以投资具有标志性意义的大型合作项目,能够带动多个产业投资的协同发展,吸引民间资本持续跟进。双边基金往往可以起到一点突破,全局贯通的效果,尤其在民间资本不愿意涉足的政治风险高、基础设施差、投资环境不好的地区,双边基金的破冰作用往往至关重要。

可以打造成为海外投资交流平台的出入口,整合多种资源。双边基金既可以作为单独的专项基金存在,又可以以母基金的形式,下设多个行业专注的子基金,甚至可以超越基金本身的定义,打造成"投资+投行"的投资平台,整合各种民间投资项目的信息,主动撮合交易,为第三方的投资提供便利;亦可作为某些双边财税、产业政策突破的试点,在正式推广之前试探市场的反应,设定缓冲地带;还可以作为双方人员交流的桥梁,通过基金牵引双方文化交流。

可以兼顾商业利益,取得良好回报。仅以中投公司参与的双边基金为例,某些基金可以做到 35% 以上的内部收益率,已经超越民间市场化运营基金的收益水准。市场的验证表明,只要有清晰的战略、专业的人员、市场化的机制,双边基金是可以做到政治示范作用与商业利益回报并举,为投资方带来多重收益。

我国的双边基金起步较晚,整体收益率偏低。我国的双边基金起步于 2000 年以后,与世界上多个国家建立了近 30 支双多边基金,范围涉及五大洲,总规模超过 260 亿美元,投资方向覆盖高科技、技术设备、生物制药、矿产、农业、基础设施等多个行业,见表 10-1。

表 10-1　我国部分双边基金统计

名称	成立时间	规模(截至2017 年底)	中方机构	外方机构	投资方向
政策性基金					
中国一意大利中小企业基金(中意曼达林基金)	2006 年	一期:3.28亿欧元	国家开发银行、中国进出口银行	意大利圣保罗银行	(中意双边)高科技、技术设备、生物制药
中非发展基金	2007 年	100 亿美元	国家开发银行	无	农业、制造业,基础设施和基础产业,如电力及其他能源设施、交通、电信和城市给排水
中国一巴基斯坦投资公司(中巴基金)	2007 年	2 亿美元	国家开发银行	巴基斯坦财政部	(中巴双边)能源、电力、矿产、制造业、基础设施
中国一以色列华亿创业投资基金(中以基金)	2008 年	3.5 亿美元	国家开发银行	以色列国家贴现银行(IDB)	(中以双边)医药、农业
中信卡森纳投资基金	2009 年	2 亿美元	中信集团、中信资本	哈萨克斯坦卡森纳资本管理公司	(中哈双边)基础设施、非能源采掘

名称	成立时间	规模（截至2017年底）	中方机构	外方机构	投资方向
中国—东盟投资合作基金（东盟基金）	2010年	10亿美元	中国进出口银行、中投公司、中银投资、中交建	国际金融公司（IFC）	（东盟多边）航运、港口、光纤通信、矿产资源
中国—法国中小企业基金（中法基金）	2012年	一期：1.5亿欧元；二期：2亿欧元	国家开发银行	法国信托储蓄银行	（中法双边）高科技、环保、医疗、高端消费品
中国—法国并购基金	2014年	5亿欧元	国家开发银行	法国信托储蓄银行	（中欧）消费品、医疗健康、节能环保、先进技术、农业及高端制造业
中国—法国创新基金	2015年	2.5亿欧元	国家开发银行	法国信托储蓄银行	（中法美）电子商务O2O、网络社交和媒体、基于互联网的B2B服务、"物联网"相关的智能终端和软件、云计算和大数据、智能交通、联网汽车、互联网广告营销、网络安全、网络游戏及移动医疗
中国—巴西扩大产能合作基金（中巴基金）	2017年	200亿美元	国家开发银行出资的中拉产能合作投资基金有限责任公司	巴西计划、预算和管理部	基础设施、农业、科技、制造业

续表

名称	成立时间	规模（截至2017年底）	中方机构	外方机构	投资方向
商业性基金					
中瑞合作基金	2001 年	9375 万瑞士法郎	国家开发银行	瑞士联邦对外经济部	中国成长型中小企业
中国—东盟中小企业投资基金	2004 年	7600 万美元	国家开发银行		（东盟多边）服务行业、高技术产业
中国—比利时直接股权投资基金	2004 年	1 亿欧元	财政部、社保基金、国家开发银行、国家开发投资公司、海通证券	比利时政府、比利时富通银行	（中国境内）成长型高科技中小企业
中俄投资基金	2011 年	20 亿美元	中投公司	俄罗斯直接投资基金（RDIF）	（中俄双边）资源、矿产、农林牧渔
中比股权投资基金	2011 年	1700 万欧元	中投公司	比利时联邦控股投资公司（SFPI）	（对欧多边）比利时及欧洲企业
中日节能环保基金	2011 年	10 亿元人民币	中国进出口银行	日本国际协力银行（IBIC）、瑞穗实业银行	（中国境内）节能环保
中加自然资源投资合作基金	2012 年	10 亿美元	中国进出口银行	加拿大加通金融控股集团	（中加双边）自然资源矿产、能源
中国—拉丁美洲基金（中拉基金）	2016 年	首期：100 亿美元	国家外汇管理局、国家开发银行	无	物流、电力、信息三大通道建设，行业上重点支持清洁能源、资源开发、基础设施、高端制造业、高新技术、农业和金融合作等领域

来源：中投研究院

我国的双边基金建设虽然数目众多,但其发展历程也非一帆风顺,相反充满了曲折。大多数的双边基金收益率偏低,有外部政治环境的影响,也有我们自身的原因。

(二) 我国双边基金的经验和教训

我国的双边基金的设立模式和出资形式各有不同,通过多年的运作,积累了一定经验和教训。

1.战略定位层面:坚持商业性原则,坚持对接中国市场

双边基金与民间商业化私募基金的最大区别主要体现在两方面:一是拥有天然的政策性优势,能够调动政治资源为之服务;二是无论面向哪个国家,总有一只脚立足国内市场。

双边基金的发起,通常基于国与国之间强化政治关系的诉求。但对政治资源过度依赖,容易使双边基金偏离预定的商业化轨道。政治资源是双刃剑,容易转化为风险。

业绩优良的双边基金大多可以做到利用政治资源优势的同时,排除过度干扰。在人事任命、项目决策层面保持独立。政治干扰越多,基金收益越差,已经被市场多次证明。专业的人做专业的事,是普遍适用的规律。

观察双边基金的经验教训,我们认为:应该慎重地选择合作伙伴,明确基金运作形态。这是双边基金这种特殊的基金类型之中,众多问题的根源所在。如果定位为政策性基金,则以战略性投资为主,对基金的财务回报要求可以适度降低;如果定位为商业性基金,则要坚决地排除政治因素的干扰,坚持市场化运营。市场化机制是高盈利的基础,市

场化程度越高基金收益越好,这是最为明显的特征。

即便是政策性双边基金,也需慎重地选择合作伙伴。尤其是容易产生贪腐的政府,或者是与政府高官高度利益绑定的投资方,应该高度警惕。

2. 投资策略层面:整体策略清晰,专注行业优势

在有了明确的定位之后,需要有一个清晰的投资策略,这是基金成功与否的决定因素。纵观投资业绩较好的双边基金,可以发现一个共同,点就是都具有清晰的投资策略。

以欧洲某双边基金为例。自成立伊始,即开创性地提出"筷子理论",作为指导其投资的铁律贯彻执行。此理论要求被投企业要具有"绝对领先的世界级技术",同时此项技术"必须能够与中国市场合作,帮助中国产业升级",两者就像筷子一样,缺一不可。

专注更容易盈利,是我们观察双边基金(甚至基金行业)的另一特点。当然将目光放至整个基金行业,也有类似黑石(Blackstone)的大型泛行业基金保持整体较高收益。但双边基金通常体量小,人员配备也不多,无法达到市场化泛行业基金的行业研究规模,为了提高回报,必须在广度与深度之间做出取舍。

欧洲的某支双边基金确定了"专注高科技行业投资"的策略,更将范围锁定在一个国家。在短短几年之内连续挖掘出多项高回报项目,并将其与中国市场对接,获得了出色的投资回报。第一期基金投资回报倍数达到 5 倍,内部收益率为 35%,令业界同行侧目。

3. 项目执行层面:决策流程高效,重视投后管理

项目的执行可大致划分为投前的项目搜寻、投中的项目决策、投后

的项目管理。

投前的项目搜寻阶段,最为关键的是对本国市场的渗透程度。仅靠纸上谈兵的财务报表分析,无法得到真正有价值的投资资源。业绩良好的双边基金通常都有一只非常专业的本地团队,在行业中有广泛的触角。

以欧洲某支双边基金为例,其投资团队与行业中的重点公司的重点人物保持极为亲密的私人关系,对行业的最新动态了如指掌,并且覆盖了策略中几乎所有的行业。某些回报优异的并购项目甚至来自于投资团队本身的建议。

投中的项目决策阶段,高效的决策机制是捕捉市场机会的保证。某些基金虽然有投资决策委员会的组织架构设置,但其投资决策流程非常简单,重大投资项目只需要合伙人之间的一个电话投票会议即可决定。

投后的项目管理阶段,专责的投后管理团队可以明显提升项目回报。多数双边基金目前所采用的投资与投后是相同团队的做法,是收益低下的主要原因之一。"边投边管"的良好愿望通常导致"只投不管"的尴尬现实。北美地区某支收益较高的基金内部,专门成立了投后管理的增值部门(portfolio value-creation group),某些规模较大的基金甚至成立了专门的投后管理公司,专司增值服务。投后管理团队在项目第一天即参与其中,甚至与投资团队共享项目激励。

4. 人员配置层面:专业人员配置,适当激励机制

优秀的投资团队是基金成功与否的关键。"投基金就是投团队",这是业界的共识。纵观我国双边基金当中,业绩优秀的投资团队通常具备一些共性:

（1）专业化人物领军,具备深厚的行业经验。双边基金毕竟不同于政府机构,需要与民间资本在同一舞台上展开残酷竞争。一支高度专业化的队伍是成功的最基本保证。金融、财务知识只是最基本的起点,对基金投资团队而言,更加重要的是行业知识和经验积累。以欧洲某支基金为例,其投资团队80%的人员来自产业界,而非投资银行和咨询公司,金融专业或年轻的刚毕业人员占比很低,并且都从事中后台业务。高度专业的资深投资团队,保证了其收益超过15%。

（2）投资决策团队长时间内保持稳定。投资团队,尤其是决策团队在长时间内保持稳定是业绩良好的基金的重要特征。众多业绩优良的双边基金决策人员自成立之初就没有发生过更替。

（3）适当的激励机制。市场化运作的重要表现是激励机制的建立。以欧洲某支双边基金为例,员工在每个项目中都享有很大幅度的跟投权力,不仅自己专责的项目,其他项目也都必须进行跟投。高度的利益绑定,令员工把所有项目都当成自己的责任,积极主动,团队之间合作亲密无间。此支基金的收益率明显高于同业其他基金。

5.公司治理层面:组织架构扁平化,决策权重分配是关键

无须多言的是,双边基金都具有完整的组织架构,投资决策委员会、风险管理委员会都是标准配置,某些基金甚至设定了评审与估值委员会。业绩优良的双边基金的公司治理架构中,通常具有以下特点:

（1）决策层级少,投资团队自由度高。冗余拖拉的臃肿架构设置,对市场化运营的基金而言是难以治愈的顽疾。我们观察到某些业绩良好的基金的治理架构非常简单,人员级别仅有三层:分析师(analyst)、VP(vice president)、合伙人(partner)。扁平化的管理赋予投资团队非

常的自由度,使决策更加快速高效。

(2)中后台外包。能够利用市场解决的事情,即交给市场。大多基金都利用托管行、IT 外包商等方式轻装上阵,既节省成本又提高效率,还免去了中后台之间不必要的利益之争。

(3)重视外部专家建议。优秀的基金管理团队通常都会借鉴外部专家的经验,弥补自身的不足。某些基金则是建立了付费专家体制,聘请知名行业专家作为其智囊,在投资决策中发挥了巨大作用。外部专家不仅在技术、行业经验上提供支持,而且可以扩大基金影响力和知名度,也是双边文化交流的高价值资源,为基金带来的利益并非仅限于财务回报层面。

(4)最终决策权归属清晰。最终的投资决策由谁做出,是各个基金甚至企业都要解决的问题。采用共同决策方式(双 GP 或者 Co-CEO 架构)的双边基金,更容易产生此方面的矛盾。市场上通用做法是通过基金的治理架构设置进行约束。一是成立共同的投资决策委员会,并限制出资双方派出人员占比低于一定比例,让市场化的专业投资决策人员占据投资决策委员会的绝大部分;二是按照出资比例的不同设置最终决策权。

(三) 双边基金的定位

坚持中国视角的理念。海外投资应该有大局观,实践证明,只有做国家战略的坚定执行者,才能审时度势,把握战略风口,抢占先机,实现政治利益与商业利益兼顾。双边基金具有其他基金不具备的独特政治优势,尤其是中投公司作为国家主权财富基金,所主导或参与的双边基金更应该以服务国家战略为己任,以帮助中国产业升级为最优先考虑。

坚持双方互利共赢原则。在纷繁复杂的国际政治环境中,尤其要坚持有利双方的合作机制,不能涸泽而渔,尤其要注意不能引起对方社会以及工商业的反弹,避免对中投造成舆论风险。

为此,可以考虑对双边基金的业绩回报要求适当地降低,考核时间适当地延长,并将其国家战略项目与商业化项目的考核区别对待。

(四) 双边基金策略:坚持四大主线,专注四大行业

四大投资主线。根据经济发展阶段和水平的相互错位及互补情况,可将投资领域划定为四条投资主线:第一条为日本、韩国与我国台湾地区,其部分产业大致领先中国大陆 5—7 年;第二条为以色列、德国和其他欧洲国家,部分产业水平领先中国 7—10 年;第三条为美国,领先中国 10—15 年;第四条为新兴国家,与其他国家能实现产能互补。

通过四条主线的梯队形投资策略的引领,对各个国家和地区的投资采取不同的侧重点,注重技术、服务、商业模式的引进。第四条新兴国家则作为关键资源获取以及产能合作的重要补充。

这四条主线除了拥有世界领先的技术优势和资源优势之外,政治生态稳定,法律机制健全,能够按照通用的国际商业准则进行市场管理,可以有效地规避政治风险,提供良好的投资环境。

聚焦四大产业,合理配置资源。中国经历 40 年的改革开放后,居民的消费需求得以大幅释放,但供给却相对落后。与发达国家相比,产业结构的落后主要表现在核心技术与制造工艺的缺乏。大部分行业在世界产业链的分工中尚处中低端。以芯片为例,中国每年进口额超

过 2000 亿美元,比原油进口额还多。

高端制造、TMT、医疗健康、消费四个行业与中国的目前阶段的产业结构提升关系最为紧密。双边基金应该以这四个行业作为突破口,通过行业聚焦,加深对行业的理解,发掘真正有价值的投资资源。而对价格波动较大、前景尚不明朗的能源类项目应该尽量避免。

设立专责投后管理团队。投后管理是基金行业越来越重视的话题。据波士顿咨询公司统计数据,在 20 世纪 80 年代,PE 交易的高回报主要来自高杠杆及倍数套利,投后管理对回报的贡献不足 20%。但这一比例在 2017 年已高达 50%,投后管理已经成为投资成功的最重要因素。

在投后管理阶段,应该成立专门的团队,负责项目增值服务。首先,投后管理应该有清晰的定义,投后管理不是资金转账、账户开设等事务性操作,而是深入被投企业,为其提供经营战略支持,从此角度看,投后管理的重要性及业务量甚至要大于投前的决策。其次,专职的投后管理团队应该从第一天就开始介入,确保对项目信息的全面把握。再次,应该赋予投后管理团队与投资决策团队相同的项目激励机制,权重上可以有所侧重。

积极探索中国资本市场退出渠道。双边基金的投资项目通常横跨两个或者多个国家,利用各个国家不同的市场特性和政策差异,赚取合理的商业回报是天然的优势。由于中国资本市场的管制严格,某些海外的通用做法在国内面临困难。以欧洲某基金为例,在其计划将德国资产引入中国上市时,就面临跨境换股等一系列问题。

跨境换股、借壳上市等新型模式在海外并购中具有一定的简化交易结构的优势。一是跨境换股是支付跨境并购对价的新方式,有利于中国企业"走出去",并且能够在一定程度上降低企业现金收购的融资成本,减少资金筹措带来的压力;二是在换汇出境受限的大背景下,跨境换股能够缓解境内资金的出境压力,既消除了资本外流的影响,又能使内企业抓住并购良机,及时获取海外优质资产;三是跨境换股能够方便外国投资者投资中国资本市场,优化中国资本市场的投资者结构。另外,换股的形式能够有效消除外国热钱短期炒作中国市场带来的影响,有利于引导外国投资者对中国进行价值投资和长期投资,对中国资本市场的开放和稳定能够起到积极的作用。

　　类似跨境换股等中国国内资本市场退出渠道的创新,可以大幅提高项目的资本利得;同时可以强化中投公司作为国家主权财富基金,在资本市场退出模式中的出入口作用,大幅提高海外投资并购的成功率和投资收益。

附　录

TMT 行业并购案例分析

一、歌尔股份并购美国 Kopin 公司

（一）并购背景

歌尔股份于 2017 年 1 月 3 日发布了《歌尔股份有限公司关于对外投资购买股权和开展战略合作的公告》，出资 2385.2 万美元自有资金购买 Kopin 公司普通股股票 733.9 万股，约占其普通股总数的 9.8%。2017 年 4 月 26 日，歌尔宣布已完成交割，最终以 2466.4 万美元收购 Kopin 公司 758.9 万股，占 10.1% 股份。

歌尔股份是一家全球领先的创新型技术公司，成立于 2001 年，于 2008 年 5 月在深圳证券交易所上市。公司主要涉及声学、传感器、光电、3D 封装模组等领域，为品牌客户设计并制造一系列消费电子产品，

包括可穿戴、虚拟现实和增强现实头显和音频产品等。

　　Kopin 公司成立于 1984 年,是纳斯达克上市公司(NASDAQ:KO-PN),是全球领先的 VR/AR 技术开发商。Kopin 公司主要向军队、工业和消费领域的客户提供头戴式计算和显示系统,是创新型可穿戴技术和解决方案的开发商。公司在超小型显示、光学、低功耗集成电路系统等领域有着深厚的技术积累。

　　(二) 并购动因

　　军方对 VR 与 AR 设备性能要求较高。Kopin 公司多年作为军队的技术提供商的经历证明其充分的技术实力。根据歌尔股份和 Kopin 公司签署的系列《战略合作协议》,歌尔股份将和 Kopin 公司在超小型显示、语音芯片、光学、OLED 显示、电池技术、虚拟现实(VR)、零组件、OEM/ODM 等领域开展战略合作。合作有助于结合双方优势,进一步开发 AR/VR 产品以及其他可穿戴设备。

　　(三) 并购成效

　　2017 年,歌尔股份的营业收入和净利润实现了提升,上市公司股东净利润同比增长 29.91%。此增长的主要原因是电声器件升级以及 VR 产品等业绩增加。

　　2017 年 12 月 5 日,歌尔股份与 Kopin 公司联合发布了共同研发的新一代虚拟现实(VR)头显参考设计方案——Elf。该设备凭借其轻巧、紧凑型的设计,克服了许多传统 VR 头显影响用户体验的弊端,斩获 2018 年国际消费类电子产品展览会创新奖。

（四）并购启示

歌尔股份和 Kopin 公司通过交易建立战略合作关系,巩固了双方在超小型显示、语音芯片、光学、OLED 显示、电池技术、零组件领域、OEM/ODM、AR/VR 等领域的领先地位。目前,从供应端的成果可知,歌尔股份所涉及的行业很广,其中智能穿戴设备等领域的应用和拓展仍有发展空间。通过保持技术领先及其竞争优势,歌尔股份有望在享受行业发展红利的同时获取更大的市场份额。

二、海信集团并购日本东芝映像解决方案公司

（一）并购背景

2017 年 11 月 14 日,海信集团正式宣布收购日本东芝映像解决方案公司（Toshiba Visual Solutions Corporation）95%的股权,双方于 2018 年 2 月底完成交割,交易金额为 129 亿日元（折合 7.5 亿元人民币）。交易后,海信集团享有东芝电视品牌、产品、运营服务等一系列业务,以及东芝电视全球 40 年品牌使用授权。

海信电视在中国市场占有率连续 13 年第一,海信电视的互联网运营用户规模也一直保持着中国市场第一。近年来,海信集团在美国和欧洲发展迅速。其业绩在 2015 年、2016 年皆位居全球第三,并在南非、澳大利亚跻身市场第一。

日本东芝成立于 1875 年,其研发团队在电视画质、芯片、音响等方

面积累了深厚的技术功底,并在显示技术领域引领了日本乃至世界的科技潮流。2016 年,东芝电视销量仍位居日本市场前三(IHS Markit),公司的科技品牌价值排行位居全球前列。

(二) 并购动因

作为在中国市场占有率第一的海信集团,近年来一直加快全球市场布局的战略部署。在 2015 年,海信集团托管了"夏普"北美地区电视业务,并连续赞助 2016 年欧洲足球锦标赛、2018 年国际足联世界杯等世界顶级体育赛事,强势推进集团国际化战略。

海信集团总裁、海信电器董事长刘洪新表示:"收购后,海信集团将整合双方研发、供应链和全球渠道资源,快速提升市场规模,加快国际化进程。"

(三) 并购成效

自 2017 年初到第三季度,海信电器的净利润出现下滑。2017 年一季度归属于上市公司股东的净利润为 2.7 亿元,同比减少 49%。然而,据全球彩电市场 2017 年上半年统计数据显示,海信液晶电视上半年在西欧、北美和日本等发达国家和地区市场表现出色,平均尺寸在 2017 年第二季度达到 47.9 寸,超过三星、索尼跃居全球第一。海信集团相关负责人表示:"公司净利润下滑主要受材料成本上涨影响,特别是面板价格。为应对净利润下滑,公司未来会做一定调整。"

海信集团收购东芝意味着海信电视在全球品牌战略的进一步发展。目前海信集团以自有品牌,夏普的北美品牌授权,以及东芝品牌的加入,完成了国际化的部署。海信集团的收购对于同样刚刚收购日本夏普并产生不错效益的鸿海集团来说,无疑意味着很大的冲击与竞争。值得一提的是,夏普北美品牌授权仍牢牢地握在海信集团手中。在收购东芝股份之后,能够帮助海信集团加快在该领域的全球化进程。

三、鸿海集团并购日本夏普公司

(一) 并购背景

2016 年 4 月 3 日,鸿海集团(富士康母公司)和日本夏普公司正式签署了收购协议,斥资 35 亿美元购入日本夏普公司 66% 的股权,成为日本夏普公司的新东家。根据协议,日本夏普公司成为鸿海集团子公司。接受注资后,日本夏普公司将加速新技术研发,2000 亿日元注资将被用于开发下一代 OLED 面板。鸿海集团收购日本夏普公司后,日本夏普公司仍可保持独立运营,并继续使用夏普品牌。

鸿海集团成立于 1974 年,是全球规模最大、成长最快、评价最高的 3C 代工公司。旗下的富士康公司因作为苹果手机全球最大的代工厂而闻名。

日本夏普公司成立于 1912 年,以先进的液晶技术闻名,是苹果的主要液晶屏供应商之一。近年来,由于经营不善等原因,日本夏普公司营业利润大幅下滑。

(二) 并购细节

鸿海集团对日本夏普公司的收购经过了多次协调。2016 年 2 月

25 日,日本夏普公司曾召开临时董事会会议,决定接受鸿海集团的出资方案。当时的方案表明鸿海集团及关联公司以 4890 亿日元(约合 44 亿美元)认购日本夏普公司定向增发的股票,鸿海集团先向日本夏普公司支付 1000 亿日元(约合 9 亿美元)保证金,并计划购买主要往来银行持有的日本夏普公司优先股。然而鸿海集团签约当天宣布,因在 2 月 24 日收到一份日本夏普公司或有负债的清单,总金额约 3500 亿日元(约合 31.5 亿美元),需要理清日本夏普公司的债务内容,故决定暂缓签约。

谈判于 3 月 25 日终于进入收尾阶段,双方达成基本共识。鸿海集团认购日本夏普公司股权的出资额将比原计划 4890 亿日元减少 1000 亿日元至 3890 亿日元(约 35 亿美元),并延迟收购主要往来银行所持日本夏普公司的优先股。

早前,有媒体曝出了鸿海集团计划在日本裁减 3000 名日本夏普公司员工的消息。然而,在收购谈判的过程中,鸿海集团董事长郭台铭表示将"维持员工雇用契约",这也成为这次交易成功的原因之一。

鸿海集团董事长郭台铭还表示不想回避日本夏普公司所面临的困难。鸿海集团管理层对于日本夏普公司的潜力也表示乐观,期待日本夏普公司能在多种消费电子产品领域(如物联网、智能家电)成为具有很强影响力的公司。

(三) 并购成效

鸿海集团在收购完成后的第九天便开始了对日本夏普公司的改革,执行了新策略,首要关注日本夏普公司的盈利表现。除此以外,鸿海集团还计划重振日本夏普公司的电视业务。此前,日本夏普公司宣布将电视的产量翻倍并与阿里巴巴展开了合作,将阿里巴巴研发的 YunOS 系统搭载到了旗下销售的电视中。

在鸿海集团收购日本夏普公司半年后,鸿海集团便实现了此前董事长郭台铭的"两年内盈利"的承诺。日本夏普公司公布的 2016 财经年度第三季度的财务报告显示,日本夏普公司在第三季度中获得了 42 亿日元的净利润,实现了 19 个季度以来的首次盈利。

(四)并购启示

日本夏普公司 2015 年的财务报告中显示营业亏损达 1619 亿日元,亏损同比增长 237%。2016 年 3 月底,日本夏普公司负债已经多于资产 312 亿日元。鸿海集团的加入及其一系列成本的削减措施是日本夏普公司扭亏为盈的最根本原因。

鸿海集团对日本夏普公司的收购可以丰富经营战略,扩大产品线,更可以利用日本夏普公司的大数据、高清影像方面的技术和优秀技术人员的积累,助力鸿海集团的"智能制造"目标的实现。

四、均胜电子并购德国 IMA

(一)并购背景

2014 年 6 月 17 日,均胜电子的控股子公司德国普瑞和瑞士法因图尔(Feintool)公司签约,德国普瑞以 1430 万欧元购入 IMA 公司的

100%股权和相关知识产权。

均胜电子成立于 2004 年,是汽车零部件全球化的顶级供应商。公司业务主要涉及智能驾驶系统、汽车安全系统、新能源汽车动力管理系统等的研发与制造。

IMA 公司成立于 1975 年,总部位于德国巴伐利亚州。公司专注于工业机器人的研发、制造、集成和销售。截至 2013 年,IMA 拥有员工约 240 名,专注于为一级供应商开发组装线,并在工业机器人细分市场处于全球领先地位,客户包括汽车、电子、医疗和快速消费品领域的一线跨国集团。公司 2013 年实现销售收入 3398 万欧元,净利润 134 万欧元。

(二) 并购动因

均胜电子董事长王剑峰曾表示,均胜电子战略发展的三大方向是汽车电子、新能源汽车和工业机器人。均胜电子战略框架也曾提出,以德国普瑞的创新自动化生产线为基础,大力发展工业机器人项目,在该领域做到技术和市场全球双领先。德国普瑞此次收购 IMA 公司是为了加强旗下普瑞创新自动化(PIA)部门的业务,是上述持续发展战略实施的关键步骤之一。

(三) 并购成效

收购德国 IMA 公司后,均胜电子将在原有机器人项目的基础上,整合形成新的具有全球竞争优势的机器人生产、销售、服务企业。

2016 年 5 月 4 日均胜电子发布公告称,PIA 以 1950 万美元购买

Phillips Service Industries Inc. 持有的美国工业机器人公司 EVANA 100% 股权和相关知识产权。EVANA 的加入和整合有助于 PIA 在北美地区市场的拓展,提升公司工业机器人及自动化业务的国际化服务能力。并且,凭借 PIA 在欧洲市场的客户和资源,EVANA 的产品和服务也将被引入欧洲市场,进一步促进公司从战略层面完善产业链与产品布局。

至此,均胜电子在工业创新自动化方面已经取得阶段性成果。在工业自动化及机器人业务领域,均胜电子营业收入屡创新高。随着汽车产业逐步向智能化、环保节能化等方向发展,中国制造业"机器换人"趋势越来越明显,这一产业的前景将会更加广阔。

(四) 并购启示

只依靠自主研发很难在短时间内超越国际上的竞争对手,并且资本投入与面临的风险都非常大。所以,均胜电子的一系列并购并非财务性投资,而是与公司提出的战略方向相吻合的策略,属于战略性投资。

均胜电子的核心竞争力来自其工业机器人项目的研发、市场拓展的力度,以及对 IMA、EVANA 等工业机器人公司的并购。让国外优秀公司的技术和品控能力与中国公司的市场、资金优势互补,均胜电子的机器人产品为中国制造业进行了升级,推动了均胜电子实现全球化和转型升级的战略目标。

五、腾讯投资印度 Ola

（一）并购背景

2017 年 10 月 9 日,印度公司注册局(RoC)文件称,在最新一轮融资中,腾讯已经同意向印度本土打车应用巨头 Ola 投资 4 亿美元。10 月 12 日,Ola 正式宣布,由腾讯和软银集团领投,已融资 11 亿美元。同时,Ola 还表示将与其他投资者就进一步融资 10 亿美元进行谈判。

腾讯成立于 1998 年 11 月,于 2004 年 6 月在香港联合证券交易所主板公开上市。公司不仅是中国最大的互联网综合服务提供商之一,也是中国服务用户最多的互联网企业之一。腾讯主要提供社交平台与数字内容两项核心服务。截至 2017 年,腾讯旗下最知名的两款产品,QQ 与微信的月活跃用户数分别达到 8.6 亿和达 9.4 亿。近年来,作为市值超过 3000 亿美元的公司,腾讯一直积极投资海内外项目。

印度打车应用公司 Ola 成立于 2011 年,是美国优步公司在印度最大的对手。印度的私家车拥有率低,在出租车数量少的情况下,超过 35% 的司机通过 Ola 贷款的帮助购车。为垄断市场,Ola 还会给每位进入平台的司机配备一部智能手机。目前,Ola 在印度出行领域拥有约六成的市场份额,与美国优步公司相比更具有本土化的优势。

（二）并购细节

并购中,腾讯通过在新加坡的实体公司 Copper Technology 获得

9.57% 的 Ola 股份。除了腾讯外，参与这一轮融资的公司还包括 Ola 最大股东软银集团。

（三）并购动因

印度作为第三大的打车应用市场，整个出行市场预期有高达 100 亿美元的估值。行业中竞争最激烈的两家公司为 Ola 与美国优步公司。尽管 Ola 拥有先发优势和近六成的市场份额，但美国优步公司作为全球著名的打车出行服务提供商，拥有比 Ola 更高的估值。

在外部竞争之外，Ola 内部的高管离职、估值下降、裁员等问题频发。互联网约车服务资金消耗量巨大，为保证资金链不断裂，Ola 下调估值寻求融资以及外界金融资本的帮助。

同时，腾讯则一直在积极探索印度的投资机会。据新闻媒体公开报道，截至 2016 年，腾讯已对印度的创业公司投资超过 8.5 亿美元，包括电商公司 Flipkart、消息服务 Hike 以及在线医疗保健服务提供商 Practo。

（四）并购成效

尽管面临来自对手美国优步公司的压力，但 Ola 依然是规模为 100 亿美元的印度打车应用市场的龙头公司。腾讯的投资帮助 Ola 加强了车辆和司机的储备，融入了更加先进的技术，以此巩固其在印度市场的领先地位。

2017 年 10 月融资之后，Ola 已经在印度本土约 110 个城市展开了打车服务，成为印度最具价值的初创企业之一，估值大约为 70 亿美元。Ola 于 2018 年 1 月宣布会将业务范围扩展到澳大利亚，标志着 Ola 在印度本土之外的首次海外扩张。

2018 年 3 月,Ola 的竞争对手美国优步公司宣布正式退出东南亚市场。美国优步公司首席执行官达拉·科斯罗萨西在给员工的邮件中称:这有助于美国优步公司将精力放在印度、拉丁美洲以及中东地区等核心市场。可见 Ola 的快速发展给美国优步公司带来的明显压力。

(五) 并购启示

在全球范围内,网约车行业至今仍未实现盈利。中国的滴滴出行在其他业务的商业化探索并不算成功;美国优步公司也仍然依靠所谓的"飞行汽车""自动驾驶"等概念尽力支撑估值;印度的平均收入水平及基础设施水平相较中国仍有至少 3—5 年差距,由此推测,Ola 的发展仍面对许多压力。如果想获得成功,Ola 在支付业务以外和其他出行市场方面仍需做更多探索。

六、携程旅行网并购天巡网

(一) 并购背景

2016 年 11 月 23 日,携程旅行网宣布以 17.4 亿美元的价格收购苏格兰独角兽旅游搜索公司天巡网。外界普遍认为,脱欧对英国互联网公司造成的困难使携程旅行网收购天巡网变得顺利。

携程旅行网成立于 1999 年,是中国领先的在线票务服务公司,拥有国内外六十余万家会员酒店可供预订。2003 年 12 月,携程旅行网在美国纳斯达克成功上市。

天巡网 2003 年在苏格兰爱丁堡成立,是按流量计算全球最大的旅游搜索引擎之一,拥有 6000 万月活跃用户,每年完成超过 20 亿次机票搜索请求。目前,天巡网支持超过 30 种语言,服务 190 个国家的用户。

(二) 并购细节

携程旅行网宣布与天巡网的主要股东达成收购协议。基于此协议,携程旅行网将收购其主要股东的全部股份,并根据英国相关法律要求对其他股东提出收购要约。本次收购中,天巡网的估值约为 14 亿英镑,主要以现金形式支付,部分交易对价将以携程旅行网普通股与债券支付。依据惯例成交条件,交易于 2016 年四季度末完成。天巡网现任管理团队将在携程集团旗下继续独立管理天巡网的运营。

(三) 并购动因

对于携程旅行网而言,收购一家已经运作成熟的国外机票预订平台有助于其快速布局海外业务,进一步加强出境游业务。并且,近年来天巡网对于中国市场加大了投入力度。这次收购有利于帮助携程旅行网尽快填补天巡网在入境游方面的短板,推进携程旅行网的国际化战略。天巡网在订票业务上有着与多家世界级航空公司官网直连的优势,有助于携程旅行网成为在线票务的龙头公司。

(四) 并购成效

携程旅行网 2017 年的财务报告显示,2017 年全年,携程旅行网净营业收入 268 亿元,同比增长 39%。若不计股权报酬费用,归属携程股东的净利润为 40 亿元,同比 2016 年几乎翻倍增长。从 2017 年四季度的财务报告部分可以看出,携程旅行网在非中国相关的纯国际机票领域继续高速增长,已占到国际机票总量的 30%。同时,2017 年四季度天巡网的预订收入几乎是 2016 年同期的两倍。

携程旅行网董事会主席梁建章在财务报告发布后的电话会议里提到,依托于与天巡网等境外公司的合作,携程旅行网为向全球范围内的非中国用户提供服务打下了坚实的基础。目前,携程旅行网业务板块日渐丰富,业务水平也向"打造服务全球用户的一站式平台"这一目标推进。

(五)并购启示

携程旅行网近年来先后通过在境内收购艺龙网拓宽了酒店预定领域的资源;通过与百度一起合并去哪儿网,携程旅行网与曾经的"对手"形成合作,并获得百度带来的流量。而此次天巡网的加盟使携程旅行网机票业务在全球范围内实力的增强。携程旅行网丰富的市场经验、技术和预订服务方面的能力也能帮助天巡网,形成优势互补。

七、中国移动参股泰国真实电信公司(True)

(一)并购背景

2014 年 6 月 9 日中国移动全资附属公司中国移动国际控股有限

公司以 6.45 泰铢/股的价格认购泰国真实电信公司(True)非公开发行的股份,总交易价格约为 285.7 亿泰铢,约合人民币 55 亿元。经过本次交易,中国移动持有泰国真实电信公司(True)18%的权益,成为其第二大股东。双方将在技术和网络建设、采购共享、市场开发等多个领域开展合作。

(二) 并购细节

此次并购为中国移动国际控股有限公司与泰国 True 公司签订股份认购协议。与此同时,泰国真实电信公司(True)也将向其控股股东及其他公众股东以同等价格配股融资约 364.3 亿泰铢,约合人民币 70.1 亿元。

本次交易中出任中国移动独家财务顾问的是中国国际金融有限公司,而德意志银行是泰国真实电信公司(True)的咨询银行。

(三) 并购动因

2014 年,泰国手机普及率达已到发达国家水平。真实电信公司(True)在泰国本土运营商中排名第三,为与前两名的 Advanced Info Service 和 Total Access Communication 展开竞争,真实电信公司(True)大力投资扩建移动网络,导致债务负担上升。此前,真实电信公司(True)是泰国唯一一家没有外资合作伙伴的移动通信公司,中国移动的入股可以帮助公司进行计划中的区域扩张。

中国移动的执行董事兼 CEO 李跃先生对此表示,"真实电信公司(True)是泰国宽带和有线电视行业的领先公司,在 3G 和 4G 移动业务领域也享有较强市场地位,是我们理想的合作伙伴。我们相信,中国移动与真实电信公司(True)之间的战略合作伙伴关系是一个双赢的选择,有利于双方整合优质资源,充分发挥协同效应,同时提升两家公司的品牌。"

(四) 并购启示

近年来,中国移动的境外布局并不顺利。例如,联合沃达丰(Vodafone)进军缅甸的计划失利,长达三年的努力试图收购台湾远传电信(Far EasTone)12% 的股权也无疾而终。此次与真实电信公司(True)的交易是 2007 年以来中国移动在中国(除澳门地区)以外的首次交易。

2013 年中国移动的业绩不太出色,与其他运营商与互联网聊天服务(例如微信)的竞争使得其市场份额、语音业务收入、利润率和利润均有下降。中国移动需要找到新增长点。同时,2013 年的中国手机普及率仅为 90%,与泰国相比仍有明显差距。这说明了国内市场整体仍有增长空间,入股真实电信公司(True)可以提升中国移动掌握成熟市场运作的潜力。

附　表

TMT 行业中资企业部分并购案例

序号	领投方	被收购方	行业	交易时间（年）	披露金额（美元）	控股比例（%）
1	阿里巴巴	印度 Zomato	O2O	2018	2 亿	不详
2	万达集团	北欧院线集团	影视	2017	9.3 亿	100
3	字节跳动	北美音乐短视频 Musical.ly	短视频	2017	10 亿	100
4	字节跳动	美国短视频 Flipagram	短视频	2017	不详	100
5	凯桥资本	英国手机 GPU 厂商 Imagination	半导体	2017	7.3 亿	100
6	腾讯	印度 Ola	交通出行	2017	4 亿	9.57
7	大疆	瑞典相机公司哈苏	航拍相机	2017	不详	不详
8	阿里巴巴	印度尼西亚 Tokopedia	电商	2017	4.45 亿	不详
9	达华智能	马来西亚 ASN Satellites	通信	2017	980 万	49
10	中兴通讯	土耳其 NETAŞ	通信	2017	1.01 亿	48.04
11	海能达	加拿大 Norsat	通信设备	2017	7056 万	100
12	北斗星通	加拿大 Rx Networks	通信	2017	3180 万	100
13	歌尔股份	美国 Kopin	科技	2017	2466 万	10.10
14	北京君正	美国豪威科技	半导体	2016	19 亿	100

序号	领投方	被收购方	行业	交易时间（年）	披露金额（美元）	控股比例（％）
15	万达集团	美国传奇娱乐	影视	2016	35 亿	100
16	腾讯	芬兰 Supercell	游戏	2016	86 亿	84.30
17	阿里巴巴	马来西亚 Lazada	电商	2016	10 亿	51
18	鸿海科技	日本夏普	科技	2016	38 亿	66
19	携程	英国天巡网	科技	2016	17.4 亿	100
20	昆仑万维	挪威 Opera AS	科技	2016	5.75 亿	100
21	光力科技	英国 Loadpoint	半导体	2016	518 万	70
22	雅克科技	韩国 UP Chemical	半导体	2016	1.84 亿	96.28
23	腾讯	美国 Glu Mobile	互联网	2015	1.26 亿	14.60
24	和记黄埔	英国氧气电信（O2）	通信	2015	152 亿	100
25	联想集团	IBM（x86 服务器业务）	科技	2015	23.93 亿	100
26	上海闪胜集成电路	美国芯成半导体（ISSI）	半导体	2015	5.98 亿	100
27	鹏博士	美国擎天电讯	通信	2015	900 万	100
28	长电科技	新加坡 STATS 真实电信公司（ChipPAC）	半导体	2015	7.8 亿	100
29	中国移动	泰国真实电信公司（True）	通信	2014	8.92 亿	18
30	联想集团	摩托罗拉移动	通信	2014	29.1 亿	100
31	中国华信	阿尔卡特朗讯企业网业务	通信	2014	2.54 亿	85
32	蓝色光标	加拿大 Vision 7	传媒	2014	2.39 亿	85

索　引

公司简称	公司全称
51 信用卡	杭州恩牛网络技术有限公司
3D Robotics	三维机器人学公司 3D Robotics, Inc.
Aberdeen Group	安本集团 Aberdeen Group, LLC
Adobe	Adobe Systems Incorporated
Advanced Info Service	先进信息服务公司 Advanced Info Service PCL
Advanced Micro Devices Export	超威槟城公司 Advanced Micro Devices Export SDN.BHD
AMD	超微半导体 Advanced Micro Devices, Inc.
Amimon	阿米门公司 Amimon, Inc.
Ampleon	安普亮公司 Ampleon Netherlands B.V.
Anthem	安生保险 Anthem Insurance Companies, Inc.
APP Annie	安亿致用公司 APP ANNIE EUROPE LIMITED
AppLovin	应用爱人公司 AppLovin Corporation

226

Coinbase	数字加密货币交易所 Coinbase, Inc.
Coincheck	数字加密货币交易所 Coincheck
CoinDrop Markets	币落市场 CabbageTech, Corp.
Copper Technology	紫铜科技公司 Copper Technology Pte Ltd
Corning	康宁公司 Corning Inc.
Cypress	赛普拉斯半导体 Cypress Semiconductor Corporation
Dendreon	敦德润制药 Dendreon Pharmaceuticals LLC.
Deutsche Telekom	德国电信 Deutsche Telekom AG
Dfinity	瑞士区块链公司 Dfinity
DropBox	多宝箱 Dropbox, Inc.
EA	艺电公司 Electronic Arts Inc.
Earn.com	区块链付费邮件初创企业 Earn.com
EE	双易公司 EE Limited
Epic Games	史诗游戏公司 Epic Games, Inc.
EVANA	艾瓦那自动化公司 Evana Tool & Engineering, Inc.
Fireproof Games	耐火游戏公司 Fireproof Studios Ltd
Flipagram	美国短视频社交公司 Flipagram, Inc.
Flipkart	翻转卡丁车公司 Flipkart Internet Pvt Ltd.
Frontier Developments	前沿进展公司 Frontier Developments plc
Forrester Research	佛罗斯特研究 Forrester Research
GDAX	GDAX 交易所 Coinbase, Inc.
General Bytes	数字加密货币 ATM 供应商 General Bytes
Genesis Mining	创世矿业公司 Genesis Mining Cloud Services Ltd.
Genesis Coin	数字加密货币 ATM 供应商 Genesis Coin
GitHub	GitHub, Inc.
Glu Mobile	格鲁移动 Glu Mobile Inc.
Go-Jek	印度尼西亚网约车公司 Go-Jek

KSS	百利得安全系统公司 Key Safety Systems, Inc.
Lamassu	数字加密货币 ATM 供应商 Lamassu
Landing AI	落地 AI Landing AI
Lazada	拉扎达集团 Lazada Group
Level Up	更上层楼游戏公司 Level Up! International Holdings Pte. Ltd.
LG	LG 公司 LG Corporation
LG U+	LG 优加公司 LG Uplus Corp.
Libra Credit	去中心化全球贷款网络 Libra Credit
Loadpoint	载点公司 Loadpoint Ltd.
Mobileye	动目视觉科技公司 Mobileye Vision Technologies Ltd.
MuleSoft	MuleSoft, Inc.
Musical.ly	北美音乐短视频公司 Musical.ly Inc.
Mt. Gox	日本数字加密货币交易所 Mt. Gox（已倒闭）
Naspers	南非传媒集团 Naspers Limited
NCSoft	NCSoft 游戏公司 NCSoft Corporation
NEC	日本电器株式会社 NEC Corporation
Nest	安巢公司 Nest Labs, Inc.(已被 Google 收购)
Netmarble	网石游戏 Netmarble Games Corporation
Newestage	新电舞台公司 Newestage, Inc.
Next Play	随后游乐公司 Nextplay Co., Ltd.
Nextnine	NextNine Ltd.
NextVR	随后虚境公司 NextVR Inc.
Niantic	尼安提克公司 Niantic Inc.
Nitto	日东电工株式会社 NITTO DENKO CORPORATION
Norsat	诺萨特国际公司 Norsat International Inc.
Novumind	异构智能 Novumind Inc.

	GmbH
SDI	顺德工业股份有限公司 SDI Corporation
SEA	东南亚游戏 Southeast Asian Games
Seed CX	数字加密货币交易所 Seed CX
SFR 电信	Société française du radiotéléphone
SG Holding	Robert Bosch Starter Motors Generators Holding GmbH
SIX 集团	瑞士证券交易所母公司 SIX Group
SK 电信	SK 电信 SK Telecom Co., Ltd.
Snap	抓拍公司 Snap Inc.
Snapdeal	碧玉信息科技公司 Jasper Infotech Private Limited
SNK Playmore	新日本企划—尽情游戏公司 SNK Playmore Corporation
Splash Damage	挥洒破坏公司 Splash Damage Ltd.
Spotify	Spotify Technology S.A.
Sprint	斯普林特公司 Sprint Corporation
STATS ChipPAC	斯特奇普派克公司 STATS ChipPAC Ltd.
Supecell	超级细胞公司 Supercell Oy
Superdata	超级数据研究公司 SuperData Research, Inc.
SurveyMonkey	在线调查公司 SVMK Inc.
Swiss Gold Global	环球瑞士金 New Golden Life DMCC & Royal Golden Enterprise GmbH
TAI Anka	土耳其航空工业 Türk Havacılık ve Uzay Sanayi A.Ş.（Turkish Aerospace Industries）
Thielert	希乐特航空发动机公司 Thielert Aircraft Engines GmbH
THQ	THQ 公司 THQ Inc.

爱奇艺	北京爱奇艺科技有限公司
奥飞动漫	广东奥飞动漫文化股份有限公司(现已更名为奥飞娱乐股份有限公司)
奥瑞德光电	奥瑞德光电股份有限公司
奥拓电子	深圳市奥拓电子股份有限公司
币安	数字加密货币交易所 Binance
百度	Baidu, Inc.
拜耳	Bayer AG
暴雪娱乐	Blizzard Entertainment, Inc.
北斗星通	北京北斗星通导航技术股份有限公司
北京君正	北京君正集成电路股份有限公司
北欧院线集团	Nordic Cinema Group
必和必拓(BHP)	BHP Group Limited
比利时富通银行	BNP Paribas Fortis
比利时联邦控股投资公司(SFPI)	Federale Participatie-en Investeringsmaatschappij (nl)-Federale Participatie-en Investerings-maatschappij (fr)
比特币中国	比特币中国有限公司
比特大陆	北京比特大陆科技有限公司
波士顿咨询公司	The Boston Consulting Group, Inc.
波音	The Boeing Company
博纳影业	博纳影业集团股份有限公司
博世	Robert Bosch GmbH
博通	Broadcom Corporation
超声电子	广东汕头超声电子股份有限公司
长电科技	江苏长电科技股份有限公司
长盈精密	深圳市长盈精密技术股份有限公司
晨哨集团	二十一世纪晨哨数据(上海)有限公司
橙子电信(Orange)	Orange S.A.
传奇娱乐	Legendary Pictures Productions, LLC

法国信托储蓄银行	Caisse des Dépôts et Consignations
飞利浦	Koninklijke Philips N.V.
飞利浦 Lumileds	Lumileds Holding B.V.
飞腾	天津飞腾信息技术有限公司
芬兰安世半导体(Nexperia)	Nexperia B.V.
福建晋华	福建省晋华集成电路有限公司
复星	复星国际有限公司及其关联方
富士通	Fujitsu Ltd.
高通	Qualcomm Technologies, Inc.及其关联方
歌尔股份	歌尔股份有限公司
格灵深瞳	北京格灵深瞳信息技术有限公司
古河	Furukawa Electric Co., Ltd.
谷歌	Google LLC 及其关联方
光力科技	光力科技股份有限公司
光线传媒	北京光线传媒股份有限公司
国际金融公司(IFC)	International Finance Corporation
国家集成电路基金	国家集成电路产业投资基金股份有限公司
国家开发投资公司	国家开发投资集团有限公司
国显光电	昆山国显光电有限公司
国星光电	佛山市国星光电股份有限公司
哈萨克斯坦卡森纳资本管理公司	Kazyna Capital Management JSC
哈苏	Hasselblad Victor Hasselblad AB
海力达	Hilite International, Inc.
海能达	海能达通信股份有限公司
海思	海思半导体有限公司
海通证券	海通证券股份有限公司
海信电器	青岛海信电器股份有限公司
海信集团	海信集团有限公司
韩国电信(KT)	KT Corporation
寒武纪科技	北京中科寒武纪科技有限公司

京东方	京东方科技集团股份有限公司
巨人网络	上海巨人网络科技有限公司
均胜电子	宁波均胜电子股份有限公司
凯桥资本	Canyon Bridge Capital Partners
凯撒互动娱乐	Caesars Interactive Entertainment
考拉	杭州优买科技有限公司
科大讯飞	科大讯飞股份有限公司
空间通信公司	以色列卫星运营商 Space-Communication Ltd.
快手	北京快手科技有限公司
旷视科技	北京旷视科技有限公司
昆仑万维	北京昆仑万维科技股份有限公司
蓝洞(Bluehole)	Bluehole, Inc.
蓝色光标	北京蓝色光标数据科技股份有限公司
朗讯	Lucent Technologies, Inc.
乐视影业	乐视影业(北京)有限公司
雷柏科技	深圳雷柏科技股份有限公司
立讯精密	立讯精密工业股份有限公司
利亚德	利亚德光电股份有限公司
联邦快递(FedEX)	FedEx Corporation
联电	联华电子股份有限公司
联发科	联发科技股份有限公司
联合包裹运输服务公司(UPS)	United Parcel Service, Inc.
联合利华	Unilever Plc
联建光电	联建控股股份有限公司(原深圳市联建光电股份有限公司)
联想集团	联想集团有限公司
脸书	Facebook, Inc.
流利说	上海流利说信息技术有限公司
零度智控	零度智控(北京)智能科技有限公司

软银公司	SoftBank Corp.
软银集团	SoftBank Group Corp.
瑞士先正达	Syngenta Crop Protection AG
瑞穗实业银行	Mizuho Corporate Bank, Ltd.
瑞银	UBS Group AG
赛灵思	Xilinx, Inc.
三安光电	三安光电股份有限公司
三胞集团	三胞集团有限公司
三利谱	深圳市三利谱光电科技股份有限公司
三菱	Mitsubishi Electric Corporation
三菱日联	三菱日联金融集团 Mitsubishi UFJ Financial Group, Inc.
三七互娱	芜湖顺荣三七互娱网络科技股份有限公司
三五互联	厦门三五互联科技股份有限公司
三星	Samsung Electronics Co., Ltd.及其关联方
商汤科技	北京市商汤科技开发有限公司
上海闪胜集成电路	上海闪胜集成电路有限公司
社保基金	全国社会保障基金
申威	成都申威科技有限责任公司
深鉴科技	北京深鉴科技有限公司
深南电路	深南电路股份有限公司
深天马	天马微电子股份有限公司
深圳嘉禾影城	橙天嘉禾影城(中国)有限公司
深圳传音	深圳传音控股有限公司
神舟飞行器公司	航天神舟飞行器有限公司
生益科技	广东生益科技股份有限公司
顺络电子	深圳顺络电子股份有限公司
舜宇光学	舜宇光学科技(集团)有限公司
思爱普(SAP)	SAP SE
思科	Cisco Systems, Inc.

沃达丰（Vodafone）	Vodafone Group plc
沃尔玛	Walmart Inc.
武岳峰资本	上海武岳峰高科技创业投资管理有限公司
西安瑞联	西安瑞联新材料股份有限公司
西班牙电信	Telefónica，S.A.
西门子	Siemens AG
矽品	矽品精密工业股份有限公司
喜马拉雅	上海证大喜马拉雅网络科技有限公司
夏普	Sharp Corporation
携程	Ctrip.com International，Ltd.（中国运营实体：携程计算机技术（上海）有限公司）
芯成半导体（ISSI）	Integrated Silicon Solution Inc.
欣旺达	欣旺达电子股份有限公司
信威集团	北京信威科技集团股份有限公司
信维通信	深圳市信维通信股份有限公司
信越	Shin-Etsu Chemical Co.，Ltd.
雅虎	Yahoo! Inc.
雅克科技	江苏雅克科技股份有限公司
亚马逊	Amazon.com，Inc.及其关联方
严选	杭州网易妙得科技有限公司
氧气电信（O2）	Telefónica Europe Plc
依图科技	上海依图网络科技有限公司
以色列国家贴现银行（IDB）	Israel Discount Bank Ltd.
以色列国民银行	Bank Leumi
以色列航空工业公司	Israel Aerospace Industries Ltd.
亿邦国际	亿邦国际集团投资控股有限公司
亿航	广州亿航智能技术有限公司
一网（Oneweb）	OneWeb Satellites
亦庄国投	北京亦庄国际投资发展有限公司
易加（E-Plus）	E-Plus Mobilfunk GmbH & Co. KG

中航工业	中国航空工业集团有限公司
中航工业成都飞机设计所	中国航空工业成都飞机设计研究所
中航国际	中国航空技术国际控股有限公司
中交建	中国交通建设股份有限公司
中投公司	中国投资有限责任公司
中芯国际	中芯国际集成电路制造有限公司
中信集团	中国中信集团有限公司
中信资本	中信资本控股有限公司
中兴通讯	中兴通讯股份有限公司
中银投资	中银集团投资有限公司
中颖电子	中颖电子股份有限公司
中影星美	中影星美电影院线有限公司
重庆新世纪游轮	重庆新世纪游轮股份有限公司
洲明科技	深圳市洲明科技股份有限公司
住友电气	Sumitomo Electric Industries, Ltd.
自由全球公司（Liberty Global）	Liberty Global, Inc.
宗申动力	重庆宗申动力机械股份有限公司

后　记

中投研究院立足为中投公司战略和内部投资决策提供独立、客观和前瞻性的研究支持，并在此基础上为国家提供金融经济改革方面的政策建议，长远目标是要打造具有一定社会和国际影响力的"智库"和为公司及中国金融体系储备和培养人才的"人才库"。"跨境投资导读"系列丛书即研究院响应党的十九大报告提出的"创新对外投资方式"的重大战略部署，对国内企业跨境并购与投资进行的一次系统梳理和总结，希望为国内产业界和投资界在对外投资的目标和方式选择上提供决策参考。

TMT是充满变数、热情和希望的行业，其深度和广度都超越了一般意义上的单个行业领域。正因为如此，本书并不贪大求全，而是从机构投资者的角度，围绕跨境并购和双向合作解读TMT的全球格局和中国视角。

本书聚焦TMT行业领域的跨境投资，由刘烜总执笔，刘少伟、全文磊共同执笔。本书从选题到收集资料、企业调研，直至研究报告的完成，都得到了许多领导和同事的大力支持、帮助。此外，第三章第四节特邀国家发展和改革委员会国际合作中心毛克疾、第五章特邀长江证券王傲野团队、第七章特邀方正证券研究所安永平团队主笔，并采撷了包括中金公司、申万宏源等研究机构智识，文中均有标注，在此不一一列举。

中投研究院的实习生范家棣对本书的图表绘制、整编校对付出了大量辛勤劳动，唐昇儒对此亦有贡献。值得一提的是，人民出版社的编辑老师以高度严谨负责的态度认真把关，为本书提出了宝贵的修改意见，在此一并表示衷心感谢。

责任编辑:关　宏　曹　春
封面设计:汪　莹

图书在版编目(CIP)数据

中国 TMT 行业跨境投资导读/中国投资有限责任公司研究院 编写. —北京:
　人民出版社,2020.1
ISBN 978 - 7 - 01 - 020017 - 0

Ⅰ.①中…　Ⅱ.①中…　Ⅲ.①企业-海外投资-研究报告-中国②企业
　兼并-跨国兼并-研究报告-中国　Ⅳ.①F279.235.6②F279.247

中国版本图书馆 CIP 数据核字(2018)第 249323 号

中国 TMT 行业跨境投资导读
ZHONGGUO TMT HANGYE KUAJING TOUZI DAODU

中国投资有限责任公司研究院　编写

人民出版社 出版发行
(100706　北京市东城区隆福寺街 99 号)

北京盛通印刷股份有限公司印刷　新华书店经销

2020 年 1 月第 1 版　2020 年 1 月北京第 1 次印刷
开本:710 毫米×1000 毫米 1/16　印张:16
字数:185 千字

ISBN 978 - 7 - 01 - 020017 - 0　定价:58.00 元

邮购地址 100706　北京市东城区隆福寺街 99 号
人民东方图书销售中心　电话 (010)65250042　65289539